企业生态系统研究

——基于组织结构视角

田跃新 著

企业管理出版社
ENTERPRISE MANAGEMENT PUBLISHING HOUSE

图书在版编目（CIP）数据

企业生态系统研究：基于组织结构视角 / 田跃新著.
-- 北京：企业管理出版社，2017.1
　　ISBN 978-7-5164-1414-9

Ⅰ.①企… Ⅱ.①田… Ⅲ.①企业管理—组织管理学
—研究 Ⅳ.①F272.9

中国版本图书馆CIP数据核字（2016）第291285号

书　　名：企业生态系统研究：基于组织结构视角
作　　者：田跃新
选题策划：申先菊
责任编辑：申先菊
书　　号：ISBN 978-7-5164-1414-9
出版发行：企业管理出版社
地　　址：北京市海淀区紫竹院南路17号　　邮编：100048
网　　址：http://www.emph.cn
电　　话：总编室（010）68701719　　发行部（010）68701073
　　　　　编辑部（010）68456991
电子信箱：emph003@sina.cn
印　　刷：北京大运河印刷有限责任公司
经　　销：新华书店
规　　格：170毫米×240毫米　　16开本　　11.25印张　　150千字
版　　次：2017年1月第1版　　2017年1月第1次印刷
定　　价：56.00元

序
Preface

　　随着工业 4.0 时代的到来，外部环境更加易变、不确定、复杂和模糊不清，竞争方式从基于单个企业的竞争转向基于生态系统的竞争，而组织创新则是企业适应外部环境的重要措施。本文基于组织环境视角，提出构建企业生态系统组织，以适应来自外部企业的跨界竞争。

　　本文以工业 1.0 至工业 4.0 不同阶段的工业技术发展为脉络，分析了基于组织内部、组织之间、组织与环境关系的组织结构变迁历程。从组织内部结构视角，分析了职能型、事业部型、矩阵型和横向型组织结构；从组织间关系视角，研究了生态种群型、网络型和平台型组织的定义、特征和结构；从组织与环境关系视角，结合工业 4.0 环境对组织要素的影响，分析商业生态系统的定义、特征和结构，对企业生态系统组织结构提出新的要求。

　　根据企业生态系统的构建要求，本文从道法自然视角，提出企业生态系统应具有"无为而治"的管理目标。从自然生态系统视角，提出企业组织的三维特征：组分结构、空间结构和价值结构。从共享经济视角分析了组织共享具有的组织特征与要求。由此，提出了企业生态系统组织结构定义，分析了三种组织要素——生态团队、平台组织和网络组织，明确了企业生态系统的组织架构：基于物种多样化的组分结构、基于平台生态的空间结构和基于网络关系的结构，以及"万物负阴以抱阳、冲气以为和"的组织结构联系。结合当前企业组织实践现状，本文提出企业生态系统两种构建路径，即传统企业组织变革的渐进性创新路径、新创企业组织变革的突破性创新路径。

本文从企业生态系统组织内部、组织与环境、整体与个体视角，阐述了企业生态系统存在产品共创、组织共生、环境共荣和生态共享关系。生态团队围绕自身核心能力和用户需求在平台生态中聚集资源、在模块化网络组织中创造价值。海量的生态团队与其所在价值网络、平台生态系统存在利他共生关系。企业生态系统内部的生态物种通过与外部社会环境交换资源与价值，实现与环境共同发展和繁荣。生态共享使企业生态系统能够跨界经营、产品和组织免费使用，而生态共享的前提是模块化产品和模块化组织。

最后，文章采取跨案例实证研究方法，对比分析阿里巴巴集团和海尔集团组织结构演变过程和当前组织结构特征，并剖析每个企业生态系统的运行机制。阿里巴巴集团组织结构变革起点是平台生态系统，海尔集团组织变革的起点是层级组织，它们都逐渐演变到扁平化的网络组织、平台组织，并向完善的企业生态系统发展，实现了企业组织与外部环境动态相匹配。

目录
Contents

第一章

引言

根据文章结构安排，引言部分首先提出了论文研究背景、理论意义与实践意义，进而提出了本文研究的主要问题，说明了文章的研究方法，第三节提出了论文的研究逻辑和主要研究内容。

第一节 研究背景与意义

根据工业 4.0 背景，论文分析了技术环境对企业组织的影响，从理论和实践视角分析企业组织最新发展动向，进一步明确了本研究的理论和实践意义。

一、技术环境对企业组织的影响

近年来，以移动互联网、物联网和（服）务联网为代表的互联网技术迅猛发展，各国为抢占新工业革命的制高点，中国推出的"中国制造2025"和德国推行的"工业 4.0"计划最为典型。以大数据、智能制造、移动互联网和云计算在生产中的大规模运用为标志的"工业 4.0"，将带领人类进入"智能化时代"。在企业层面，"工业 4.0"提倡生产的高度数字化、网络化、智能化和自组织，具体表现是以技术创新促进管理创新，在智慧园区运营智慧工厂，在智慧工厂创造智能产品，本质上是企业生产模式从规模化生产向个性化定制转变，其目标是适应供需关系从 B2C

（Business to Customer）向 C2M（Customer to Manufacture）转变。在"工业4.0"背景下，移动互联网技术使得个人能力得到释放，个人能够自企业、自结社、自媒体和自金融，进入个人帝国主义时代（李海舰，2014）。用户（消费者）从企业外部走进企业内部，不仅开放了生产者与消费者的边界（李海舰，2009），消费者通过平台形成社群，在企业边界上共同创造价值（罗珉，2015）。因此，"工业4.0"环境，不仅促进了企业生产技术的发展，还要求企业生产组织方式及管理模式产生根本性变革。

二、组织发展实践与组织理论动向

（一）企业组织的实践探索及问题

在实践层面，中国企业针对技术环境变化和生产方式变革，不断探索新的企业组织管理变革，并存在"去管理化"与"强管理化"两个方向（李海舰等，2015）：一是"去管理化"方向，即在组织内部引入市场机制，激发企业资源和利益相关者的活力；二是"强管理化"方向，即在集团公司加强人力、财力和物力的集约使用，开展不同生产经营环节协同，注重规模经济。"强管理化"与"去管理化"的组织管理创新方向，产生两种不同的组织机制和组织结构，具体体现在以下方面：一是组织机制存在他组织、自组织两种方向。他组织是指企业内部组织没有自主决策权只是决策执行单位，管理导向以成本导向而不是价值导向，业绩考核对象是来自上级领导而不是客户考核。在用户中心化时代，要求组织"去管理化"，实现组织的零管理，而零管理的实质是自组织管理，即组织单位的自我导向与行为约束、自我激励与自然成长。二是组织结构存在层级化、生态化两种方向。组织结构的层级化理念，适用于作为单生命体的企业组织，其弊端是企业外部用户信息在企业内部组织中传导速度慢、各层决策效率低、组织整体反应速度慢，导致用户需求模式和市场机会的流失。组织结构的生态化理念，适用于作为多生命体的企业组织，要求企业采取生态型组织，企业化整为零，成为模块化、单生命体团队，业务团队围绕用户转,职能团队围绕业务团队转,生态团队距离用户越近,赋予的权力越大;距离用户越远,权力越小。

(二)企业组织的理论研究及不足

当前,他组织管理模式的企业组织形态呈现出过多的层级性、信息反馈的滞后性、经营决策低效率等缺陷使其难以适应迅速易变、不确定、复杂和模糊不清的竞争环境,外部环境变化使得企业不但难以维持现状,而且需要重新定义自身目标和职责,不断为适应环境变化而重构企业组织(Morris,etel,2011)。为应对信息时代日趋激烈的外部竞争,组织变革方式呈现两个方向:一是平台组织视角。由于企业与市场融合(李海舰,2004),市场的显性化和具化,企业演变成平台(徐晋,2006)。平台作为单生命体组织,通过资源的相互嵌入、开放界面和平台包络,构建商业生态系统(蔡宁,2015)。二是网络组织视角。网络组织具有多种形态如动态网络(Snow,1986)、特许经营(Shane,1996)等,组织不再是一个实体,而是两方或多方组织关系的总和,而大型科层式组织最终将由高度灵活的、"小舰队"式组织所取代(Drucker,1990),新组织形式不再是严格的层级结构,而是平等互动基础上的扁平网络。根据 Puranam(2014)对新组织形态特征描述,本研究认为,当前企业组织形态仍存在一些缺陷:一是不论是网络组织还是平台组织,把用户排除在边界之外,其资源配置范围仍局限于组织边界内。二是商业生态系统作为生态型组织,平台成为商业生态系统的关键环节(汪旭辉,2015),网络关系作为商业生态系统中的组织机制,然而网络和平台在重新构建生态型组织的方式仍不明确。三是德鲁克的"小舰队"式组织、企业内部创业团队组织等虽然能够实现标准化和灵活性生产的结合,但决策权仍相对集中在企业高层、未真正下放到业务团队成员手中,而且在生态型组织的"小舰队"式管理模式仍未明确。

三、论文研究的意义

（一）研究的理论意义

基于组织基本单位的企业组织结构理论，仍需不断创新。过去，在企业理论研究中，把劳动、资本和技术看成企业价值的源泉，把企业员工工具化，首先考虑从充分使用资本和技术角度如何构建企业组织，而把人本身的潜能激发放到相对次要的地位。同时，把员工作为资产所有者的代理人视角，从策划、监督员工完成企业目标来构建企业组织。现在，移动互联网技术环境释放了个人潜能，员工和用户的人力资本潜能是企业最为重要的价值源泉，企业基层组织从具有执行权的业务部门，变为决策权和执行权相统一的自主经营团队。随着企业竞争力不断归核化，从重视企业基层业务团队建设和构建新型委托代理关系视角，构建新型企业组织单元，具有较强的理论意义。

基于组织之间关系视角的企业组织结构理论，仍需要完善。企业作为资源交易组织和价值创造实体，本身就是一个复杂系统和自组织，具有自身使命、目标、功能、运行机理和变革管理规律。过去，把企业和市场分为对立的资源配置方式，经济学把企业视为一个黑箱，把企业设定为具有明确的边界和资源配置方式，层级制和中心化成为企业组织的基本特征。现在，企业和市场融合，把市场关系和契约关系引进企业内部，企业演变成平台；消费者在生产过程中主导权的确立，用户企业内部化，打破了企业与消费者之间边界。因此在开放思维下，如何基于组织环境视角，构建新型企业组织，实现相关资源高效利用，具有较强的理论意义。

基于商业生态系统视角的企业组织结构理论，仍需要进一步研究。商业生态系统是美国战略专家詹姆斯·弗·穆尔首次提出（James F. Moore，1993），目的是为了研究企业战略行为。企业处在价值网络体系和平台生态系统中，也是商业生态系统关键组成部分。商业生态系统是企业联系最密切的环境，具有组织成员与系统环境之间的相互适应、二者共同进化、系统边界开放等重要特征（王龙建，2007）。在商业生态系统中，组织机构研究存在较多争议，商业生态系统的内部成员之间、内部与外部组织之间关系在理论研究上仍需要突破。本文从商业生态系统视角研究企业组织，使企业组织研究视角更加新颖，研究维度更加多元，进而对企业组织的外部影响因素分析更加全面、透彻。因此，与企业组织内部视角相比，研究具有较强理论前瞻性。

（二）研究的实践意义

企业生态系统组织结构研究，有利于传统企业组织再造。在工业4.0时代背景下，企业本质要求是建立智慧型、生态型组织。企业组织目标和环境适应要求的变化，促进企业组织结构变革。因此，现有企业组织如果不进行变革，将难以在新环境下生存。因此，基于组织变革实践，本文提出企业生态系统组织结构理论，探索新型企业组织设计理论，具有较强的示范价值和指导意义，为传统企业组织再造提供了新的选择和方式。

企业生态系统组织结构研究，有利于促进企业管理创新。企业组织创新是企业管理创新的重要组成部分，也是提升企业竞争力的重要途径，因此组织结构创新，有利于提升企业管理效率和管理效益。新的组织设计理论也推动了企业管理方式的变革，有利于企业实践中促进管理创新。

企业生态系统组织结构研究，有利于指导案例组织发展。通过跨案例的多个情景环节再现，提出企业生态系统组织结构理论，是理论接受实践检验、实践上升到理论的过程。因此，发展新型企业组织结构理论，将对案例企业组织变革提出建议，不仅促进案例企业有针对性地完善组织运行制度、规则，而且为同类企业组织变革提供借鉴。

第二节　研究问题与方法

根据论文研究的背景与意义，本文进一步明确企业生态系统组织结构研究的主要问题，根据研究的主要问题，提出论文研究理论和案例分析方法。

一、研究的问题

本研究从组织结构视角，研究工业 4.0 环境下的企业生态系统组织结构，问题本身定义为：工业 4.0 时代对企业组织提出新的适应性要求，基于组织变迁视角下的企业生态系统如何定义？需要如何建立企业生态系统组织结构的指导理论？如何设计企业生态系统的组织结构及组织运行关系？具体研究问题分为以下几个方面：

一是组织结构理论变迁研究。当前组织结构发展到哪个阶段，这些组织能否适应当前复杂动态的外部环境？回答这一问题，需要从组织环境变化、组织理论变迁、影响企业组织结构的外部因素和内部因素变化等内容分析。

二是新型组织结构的理论研究。在工业 4.0 环境下，企业生态系统具有新的环境适应性要求，哪些理论能够指导这种新型组织结构设计？在商业生态系统的组织结构理论已经有了进展的情况下，如何构建契合外部环境特征的企业生态系统组织结构理论？新型组织的组成要素有哪些，与传统组织要素是否具有衔接性，而且新型组织结构具有哪些特征，具有哪些结构表现形式？

三是企业生态系统组织关系。在明确企业生态系统的组织结构之后，如何与当前契合企业组织实践视角，构建企业生态系统组织，构建的路径有哪些？在企业生态系统组织构建完成之后，如何构建与企业生态系统中个体与组织基本单位、基本单元之间、生态系统与外部环境，组织要素与生态系统的组织关系？

四是企业生态系统理论的检验与发展。在高度动态复杂的组织环境下，竞争行业的企业组织结构是否能够检验本文提出的企业生态系统组织结构理论，尤其是在典型代表企业，比如海尔集团和阿里巴巴集团，而且能否使理论得到证明,并且能够指导两家企业组织变革今后的实践,进而为其他处于竞争性行业的企业提出组织变革建议,为国家制定相关产业政策提出合理化建议。

二、研究的方法

论文对企业生态系统组织结构进行了系统的研究,采用了几种研究方法,主要包括在理论研究与案例研究结合法,在理论研究中采取跨学科研究法,在实证研究中采取跨案例研究法,以及文章多处采用了比较动态分析法和比较静态分析法。

(一)理论研究与案例研究相结合法

论文研究的主要问题是企业生态系统组织结构理论研究,从马克思主义实践论来讲,理论需要在实践中检验,因此,论文采取理论构建和案例研究相结合的方式。理论研究方法主要体现第一章研究背景部分、第二章企业组织结构变迁研究(代文献综述部分)、第三章企业生态系统组织结构理论、第四章企业生态系统组织关系。而实证研究主要以第五章案例研究为主,在第四章企业生态系统组织关系中有所涉及。而且在案例研究中,不仅集中在阿里巴巴集团和海尔集团案例分析,还体现在其他案例佐证。

(二)跨学科研究法

在企业生态系统组织结构理论研究中,本文从传统哲学(《道德经》)、生态学(自然生态系统)、经济学(共享经济)和管理学(组织理论)等多学科交叉融合视角,分析企业生态系统组织结构的影响因素,提出了基于组织环境视角的企业生态系统组织定义、组织目标、组织要素和组织结构。因此,本文提出了基于组织的环境适应和组织结构变迁视角,较为完整地提出了新型企业的组织结构理论。

(三)跨案例研究法

由于论文研究的主要内容是企业生态系统的组织结构问题,需要从理论研究验证效度视角，实证研究采用跨案例研究方法。由于案例研究目的不仅是验证理论，还是构建理论、发展理论，因此选取两个典型案例研究抽样是适合的，而且跨案例比较研究的呈现方式也具有非同寻常的启发性。在每一个案例研究中并非真正的"单个案例"，通过案例内的情景单元之间的比较，来提高案例研究信度。案例选取标准是正在转型和接近转型成功的企业生态系统——阿里巴巴集团公司和海尔集团公司，而且两家企业不仅在各自行业领域取得了较好的业绩，更是企业组织结构变革的实践典型。

（四）比较分析法

在理论构建和案例研究中，本文采用了比较分析法。比较分析法包括比较静态分析法、比较动态分析法。在理论研究中，不仅分析了历史上四次工业革命发展影响、五次组织理论演变、四个不同层级的组织结构设计影响因素，还分析了机械式组织、有机式组织、网络组织、平台组织和商业生态系统等组织结构，进而明确提出了工业 4.0 环境下的企业生态系统组织结构的基本要求。同样地，在案例研究中，既有两家企业各自的组织变迁动态比较分析，也有两家企业当前组织结构比较静态分析。

第三节　研究逻辑与内容

根据前文的研究内容、研究方法，提出论文主要组成部分的逻辑关系框架，进而明确文章研究内容和章节安排，从而完成了整个研究内容和技术路线策划，为文章写作做好了铺垫工作。

一、研究逻辑框架

在分析组织结构理论变迁的基础上，在工业 4.0 技术环境下，本文提出新型组织形态——企业生态系统的指导理论，明确企业生态系统的组织目标、组织要素、组织结构和结构特征等相关组织理论，并根据企业生态系统结构理论，结合现有组织结构要素，多维度阐述组织结构特征和形式，进而从组织关系视角说明企业生态系统中个体与组织基本单位、基本单元之间、生态系统与外部环境，组织要素与生态系统的共创、共生、共荣和共享关系。最后根据组织结构理论采用跨案例研究的方式进行说明和论证，具体见图1-1。

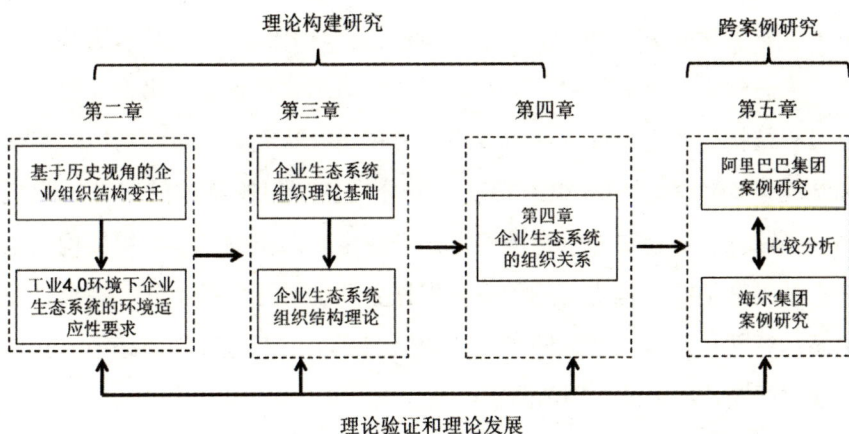

图 1-1 研究逻辑框架

二、文章主要内容

根据本研究逻辑框架，研究内容分为七章：引言、组织结构理论变迁分析、企业生态系统结构理论、企业生态系统组织构建、企业生态系统组织关系、案例分析和研究结论与建议。

第一章引言。通过选题背景陈述引出本文要研究的问题，阐述研究问题的理论和实践意义，梳理研究思路，明确本文的研究逻辑框架和研究方法，安排整个文章结构和主要内容。

第二章企业组织结构理论变迁。本研究以工业技术发展脉络为轴线，以组织结构变迁视角，梳理工业1.0、工业2.0、工业3.0和工业4.0阶段影响组织设计的主要因素（技术背景、生产方式、企业边界和组织结构等）及相关组织理论。立足于企业视角，从微观到宏观，在分析组织本身、组织内部、组织之间、组织与环境间视角的组织形态、结构特征之后，提出企业组织发展方向和论文研究对象——企业生态系统。并且在工业4.0环境下，由于个体改变和组织环境改变，导致企业组织结构发生了新的变化。

第三章企业生态系统组织结构理论。基于《道德经》哲学视角，分析了企业生态系统组织管理模式和组织目标、组织结构和内部权力关系。基于生态学视角，分析自然生态系统的组织结构特征，提出企业生态系统组织结构的仿生特征。基于共享经济视角，研究共享组织的组织特征和结构影响因素。根据组织特征，来分析新型组织结构的三种组织机制——团队、平台和网络，进而提出企业生态系统的基本组织架构，以及三种维度组织结构之间的关系。根据企业的实际情况不同，提出企业生态系统两种构建路径，即传统企业组织变革的渐进性创新路径、新创企业组织变革的突破性创新路径。

第四章企业生态系统组织关系。企业生态系统是从企业生态系统组织内部、组织与环境、整体与个体视角，阐述了企业生态系统存在产品共创、组织共生、环境共荣和生态共享关系，阐述了企业生态系统不同物种之间的捕食共生、竞争合作、利己利他关系。生态团队围绕自身核心能力和用户需求在平台生态中聚集资源、在模块化网络组织中创造价值。海量的生态团队与其所在价值网络、平台生态系统存在利他、合作、共生关系。企业生态系统内部的生态物种通过与外部社会环境交换资源与价值，实现与环境共同发展与繁荣。生态共享使企业生态系统能够跨界经营、产品和组织免费使用，而生态共享的前提是模块化产品和模块化组织。整个企业生态体系以用户需求为导向，以价值动态创造、传递、交换和分配为基础运行，实现了企业组织与外部环境的自组织、自学习、自协调和自进化。

第五章企业生态系统的案例研究。本文采取跨案例研究方式，剖析阿里巴巴集团和海尔集团案例来验证和发展企业生态系统组织结构理论。阿里巴巴集团和海尔集团是企业组织变革中的创新者，二者通过不断地调整组织来匹配企业战略，从传统的金字塔型组织结构逐渐演变到扁平化的网络组织、平台组织，进而向企业生态系统演变。在案例研究方法中，既采用了基于组织结构变迁的比较动态分析，也包括当前结构的比较静态分析，并运用结构理论指导两家企业组织变革方向。

第六章文章结论和建议。主要阐述文章结论和论文研究创新之处，并对国家制定产业政策和企业发展提出建议，同时提出下一步的研究方向。

第二章
企业组织结构变迁分析

作为经济活动中的基本组织单位，企业组织随着环境发展变化而不断演变。企业组织结构研究重点从专注简单组织向复杂组织，从组织内部的机械式组织和有机式组织转向基于组织之间关系的网络组织、种群组织和平台组织等组织形态，当前理论研究更加关注基于任务环境的商业生态系统组织理论。

第一节　企业组织及结构变迁分析

作为社会经济活动中的实体，组织形态多种多样，并随着社会经济技术环境的变化而演进。在组织变迁过程中，组织结构的环境变量和结构变量随着环境变化而改变，研究重点从注重内部、注重微观问题，逐渐转向注重外部、注重宏观问题。

一、企业组织的源起

（一）企业组织的定义

在经济社会生活中，政府、盈利机构和非盈利机构等作为一个实体，都是组织的基本形态。在西方语言中，组织一词来源于希腊文"Organon"，是指工具和手段。在古代汉语中，组织最早出现于《辽史·食货志（上）》"饬国人树桑麻，习组织"，基本含义为纺织。在现代汉语中，组织主要出现在生物学和经济学、管理学等学科领域，是个多义词，含义包括一个过程、一种结构或一个实体（林金忠，2006）。在社会科学领域，组织理论的研究对象是由人组成的各种组织。组织有不同的分类标准。从组织的功能出发划分，组织可以分为经济生产组织（企业组织）、政治组织、整合组织和模式维护型组织（刘延平，2007）；从组织结构的适应性划分，组织可以分为简单结构组织、科层组织、有多个分支的组织和临时性组织。本文研究对象是组织理论的一个分支——企业组织结构理论。

在经济科学领域中，学者们往往把企业看成资源配置的一个黑箱。在管理科学领域中，学者们根据组织理论内容把它划分为不同阶段。比如，弗里蒙特·卡斯特和詹姆斯·罗森茨韦克（1979）明确宣布组织思想的演变与发展分为三大阶段，即传统阶段、行为科学与管理科学阶段、现代系统与权变理论阶段。而朱国云（2014）认为组织理论发展分为五个阶段，即科学管理阶段（20世纪初～30年代）、行为科学阶段（20世纪30～50年代）、科学决策阶段（20世纪40～50年代）、系统科学阶段（20世纪60～70年代）和管理文化阶段（20世纪80年代至今）。

在组织理论不同发展阶段，研究者们阐述了比较经典的组织定义。在科学管理阶段，"组织理论之父"马克斯·韦伯最早对组织加以定义和研究，他在专著《社会和经济的组织理论》把组织定义为"一种通过规则对外来进入者的既封闭又限制的社会关系"，组织的"社会关系说"体现出组织本身体现出权力和秩序、组织运行的基础和合乎理性的规则。在科学决策阶段，现代组织决策理论创始人赫伯特·H.西蒙认为组织是指"一个人类群体当中的信息沟通与相互关系的复杂模式"，组织的存在必须有权威的作用，需要从决策过程理解组织，并提出"管理就是决策"（赫伯特·H.西蒙，2014）。在文化管理阶段，组织效能理论创始人理查德·H.霍尔（2003）认为"组织是一个可以边界可识别的团体，它具有规范的秩序、职权层级、沟通协同和成员协调系统，该团体以相对持续的环境为基础而生存，从事着与一系列目标相关的活动，为组织成员、组织本身和社会作出贡献。" 上述组织经典定义，都离不开组织管理理论所处的历史阶段，从研究内容来讲是相同的，而且具有比较接近的定义描述：组织是个实体、有目标、具有某种结构系统，组织适应外部环境才能生存。

（二）组织结构的概述

作为组织理论的重要组成部分，组织结构是"根据不同的标准，将人们分配到影响不同社会之间关系的社会岗位上"（Blau，1961）。组织结构的基本功能是有利于组织输出并实现组织目标、减少个人差异对组织能效影响，成为权力运用、作出决策、开展组织活动的场所（霍尔，2003）。组织结构包含了企业的纵向关系和横向关系两个方面，具体体现在三个方面：一是组织中的正式报告关系，涉及职权层级数量和管理人员幅度；二是组织内部基本单元组合方式，涉及个体组合成部门、部门组合成组织；三是跨部门之间沟通、协作和整合的相关制度设计（理查德·L.达夫特，2014）。

（三）组织结构的特征

在朱国云提出的五阶段组织理论中，对组织结构理论影响较大的是科学管理阶段、科学决策阶段和系统科学阶段。在系统科学阶段，沃伦·H.本尼斯分析了科学管理、行为科学和管理科学阶段的组织理论的优势和不足之后，提出了组织发展理论，认为组织必须完成组织目标任务方可持续生存，即组织具有外部适应性和内部协调性（孙耀君，1992），进而提出未来组织结构的五大特征：一是出现适应性很强的临时系统，二是围绕问题设置组织，三是依靠专业人员的集体作用，四是内部协调依靠交叉人员，五是工作集体是有机的。

（四）组织结构的影响因素

在组织结构影响因素上，学者们的结论近乎一致。霍尔（2003）认为组织结构具有多种形式，从组织复杂性（水平分化、垂直分化、地域分散）、正规化、集权与分权阐述了组织结构的影响因素。针对组织结构设计的影响因素，理查德·L.达夫特（2014）认为组织设计变量可以分为九大组织变量，即内部四大结构变量（正规化、专业化、职权层级和集权化）和外部五大权变因素（组织规模、技术、环境、目标与战略、组织文化）。显然，组织结构影响因素理论都是接受沃伦·H.本尼斯的观点，围绕组织对环境适应和内部关系协调方面展开论述。

二、组织结构的研究视角

根据系统科学组织理论，组织结构研究层级从微观到宏观分为组织个体、内部部门层级、组织层级、跨组织的集合体和社区四个层级（Richard L.Daft & Richard F.Steer，1986）。从另一个角度来讲，跨组织的集合体属于组织间层级，跨组织的社区属于组织与环境间层级。就研究关注点而言，组织理论研究从关注组织内部的构成部门关系，逐渐转向组织之间、组织与环境间的组织结构理论研究。

一是从组织内部关系视角研究组织结构。如果企业注重组织纵向效率，采取层级结构，组织结构设计注重纵向的沟通和控制，组织形态被称为机械式组织，机械式组织和传统官僚型组织特征十分接近。如果企业注重组织横向效率，组织结构设计强调横向的沟通和控制，组织形态被称为有机式组织（伯恩斯、斯托克，1961）。

二是从组织间关系视角研究组织结构。不同组织之间存在产权关系（控股公司组织）与市场关系（网络组织、平台组织），控股公司更加注重集权化、组织之间的纵向层级沟通与控制，网络组织和平台组织更加注重分权化、组织之间的横向沟通与协调，而市场关系的组织之间缺乏纵向权力控制。

三是从组织与环境间关系视角研究组织结构。组织环境是存在于组织边界之外的，并对组织有影响的所有要素的总和，组织环境一般分为任务环境和一般环境。传统经济学认为企业是有固定边界的，而现代经济学认为企业边界是动态变化的。随着信息技术的发展和企业边界的扩张，企业边界不再是指物质边界，而是能力边界（李海舰、原磊，2005）。外部组织环境随着技术发展越来越不确定，这种不确定性可以从简单——复杂和稳定——不稳定两个维度进行分析（Dess&Beard，1984）。不确定性的组织环境，一方面要求企业增强组织结构的灵活性、分权化；另一方面会导致外部环境的企业内部化，进而产生新的组织结构理论，比如商业生态系统（Moore，1993）。

本文主要关注组织与环境间层级的组织结构问题，也就是通过从组织环境层级视角，通过分析影响组织结构的九大组织变量，研究当前的企业组织结构问题。研究内容界定如下：一是从研究对象来看，论文研究对象是企业组织，而非政府组织；二是从研究内容来看，论文关注企业组织结构理论；三是从组织层级来看，本文是从企业组织与环境之间关系视角，研究复杂动态环境下新型组织结构；四是从组织理论发展阶段来看，本文在组织理论的系统科学阶段和管理文化阶段基础上，从组织环境视角研究组织本身、组织之间、组织与环境之间的组织结构理论。

三、组织结构变迁历程

（一）组织技术环境变迁

1. 工业 1.0 时代

工业化时代是从18世纪60年代开始，技术背景是蒸汽机的发明应用，机器劳动代替人类手工劳动，人类从此进入工业化时代。此时，经济学科中的古典分工理论出现，物质资料的生产功能从家庭组织单元中分离出来，生产组织形式从家庭作坊发展成工厂，由于工厂主对企业负债的无限责任，工厂的所有者和管理者集于一身，因而不存在委托——代理关系。此时，企业典型的组织形态是直线指挥的垂直型组织，也称为工厂型组织。

2. 工业 2.0 时代

工业 2.0 时代从 19 世纪后半期开始，也称为电气化时代，技术背景是电器和内燃机的发明运用。此时，经济科学中的专业化分工理论出现，企业实践中规模经济出现，出现了现代股份制公司，其核心是企业法人化和股东有限责任。在企业组织中，典型的组织形态是官僚组织，而且为弥补官僚组织的传导低效率等不足，在企业内部出现了工作小组式的非正式组织。

3. 工业 3.0 时代

工业 3.0 时代从 20 世纪 50 年代开始，也称为信息化时代，技术背景是原子能技术、航天技术和电子计算机技术出现和运用。此时，系统科学理论对组织发展产生了较大影响，经济发展呈现全球化和区域化特征，出现了大型跨国集团公司。典型的组织形态是事业部组织、矩阵组织，事业部是企业组织内部的一个子系统，组织内部出现了决策和管理的分权。

4. 工业 4.0 时代

工业 4.0 时代从 20 世纪 90 年代开始，也称为智能化时代，技术背景是互联网、通信、信息技术发展运用。工业 4.0 的生产方式是企业动态配置资源，其核心是"智能 + 网络化"，其实质是成为智能工厂，企业进入资源分散化 + 生产合作化的新时代（丁纯，2014）。此时，组织理论进入文化管理阶段，出现了横向组织、网络组织和平台组织等新的组织形态。

（二）组织结构理论变迁

在外部技术环境的影响下，企业组织结构变迁趋向是从简单到复杂、从组织内部到外部环境、从单一组织到多组织等多维度不断向前发展。

1. 关注简单功能的组织结构理论

在工业 1.0 时代，亚当·斯密提出"分工受到市场范围的限制"，虽然他没有系统地研究企业组织，但是工作分工却是企业组织的一个重要功能。在亚当·斯密之后，阿尔弗雷德·马歇尔在《经济学原理》中详细讨论了工业组织，把组织作为协调分工的功能，然而并没有关注企业组织本身的性质和结构问题，仅是把企业作为一个实体。古典管理理论中尚未出现组织理论分支，企业管理实践中出现了直线指挥结构的工厂型组织。

2. 关注组织本身的组织结构理论

在工业 2.0 时代，组织理论先后步入科学管理时代、行为科学时代和管理科学时代，完成了组织理论研究的"正"、"反"、"合"（朱国云，2014）。在科学管理阶段，根据经济学中的理性经济人假设，马克斯·韦伯（1992）提出了官僚型组织，它是层级权威组织结构，对组织设计实践影响至今。在行为科学阶段，组织设计出现了基本单元结构理论、非正式组织（乔治·埃尔顿·梅奥，1927）和工作小组概念（伦西斯·利克特，1967）。在管理科学时代，管理学中出现了社会人假设。切斯特·巴纳德（1968）认为，组织不是集团，而是相互协作的关系，是人相互作用的系统，该定义成为组织的本质定义。在工业 2.0 时代，组织理论关注组织内部的部门组成，组织结构形式主要有直线职能型（U型结构）、事业部型（D型结构）、控股公司型（H型结构）和几种组织结构混合型等，组织设计关注组织结构的纵向有效性问题，而对组织结构的横向协调效率关注不多。从组织研究层级视角来看，工业 2.0 时代的组织结构理论，都是关注组织本身问题。

3. 关注组织之间的现代组织结构理论

在工业 3.0 时代，组织理论进入了系统科学组织理论时代。系统科学组织理论是建立在对以往组织理论的批判分析基础上，是系统理论与权变理论的结合。在此阶段，组织理论典型代表是组织发展理论（沃伦·本尼斯）和组织权变理论（弗里蒙特·卡斯特和詹姆斯·罗森茨韦克，1979）。在此阶段，组织理论认为，作为组织内部各构成部分或各部分之间所确定的关系的形式，组织结构具有开放性、有机性、整体性和形态性特征，而且组织具有外部适应性和内部协调性，理论研究重点从组织本身逐渐转向组织间关系、组织与环境关系，实现了组织结构研究范围扩展。系统科学组织理论，不仅发展了组织层级视角的结构理论，还提出了机械式组织和有机式组织概念（Tom Burns & G.M.Staler，1961）。在机械式组织中，出现了矩阵组织；在有机式组织中，出现了横向型组织（John A. Byrne，1993）。

在工业 4.0 时代，组织理论界出现了文化管理理论，其标志是埃德加·沙因的著作《组织文化与领导》，而理论集大者是《组织：结构、过程及结果》（理查德·霍尔，2002）。在此阶段，信息技术迅猛发展改变了组织外部环境，市场交易成本进一步降低，组织间的结构研究变得更有必要和更加重要。于是，在不同的社会科学指导下先后出现了种群型（Michael T.Hannan&J.Freeman，1977）、网络型（米尔斯和斯诺，1992）和平台型（Michael A.Cusumano & Annabelle Gawer，2002）组织结构理论，这三种组织结构在当前的企业实践应用范围不断扩大，企业实践又推动组织结构理论的不断发展。

4. 关注组织与环境的新型组织结构理论

在工业 4.0 时代，外部环境的动态易变、复杂和不确定性程度加大，不少学者在组织结构理论方面提出了新的组织形态，比如学习型组织（彼得·圣吉，1990）、浑序组织（伊迪·哈克，2005）和自组织（罗家德，2010）等。这些组织理论都是基于组织环境视角，从不同维度阐述了新型组织的组织动力、组织过程和组织行为等基本特征，比如自我管理能力、扁平化、分权化、适应性、非线性和动态性等。由前文可知，组织环境分为任务环境和一般环境，然而针对当前组织任务环境的研究还不够深入。从组织结构变迁视角，基于组织环境的新型组织结构理论要成为当前组织层级和组织间层级的组织结构发展方向，需要提出新型组织的定义、组织目标、构成要素和组织结构。

（三）组织结构变迁小结

从环境与技术关系、组织理论变迁和不同组织层级视角，组织结构从组织内部的直线指挥结构、职能结构、事业部结构、矩阵结构、横向结构，已经演进到基于组织间关系的生态种群、网络组织和平台组织的组织结构，正在向基于组织环境视角的新型组织结构发展（具体见表 2-1）。

表 2-1　　　　　　　　　组织结构变迁历程表

技术时代	研究层级	组织结构	组织理论阶段	备注
工业 1.0	组织个体	直线指挥型	古典分工	简单型组织
工业 2.0	组织部门	职能型	科学管理、行为科学和管理科学阶段	机械式组织
		事业部型		
工业 3.0		矩阵型	系统科学阶段	
工业 4.0		横向型	管理文化阶段	
工业 3.0	组织之间	种群型	系统科学阶段	有机式组织
工业 4.0		网络型	管理文化阶段	
		平台型		
	组织环境	新型结构		

资料来源：作者整理

第二节　基于组织内部层级的结构分析

本节从企业组织内部视角研究组织结构，把企业组织分为有机式和机械式组织。机械式组织结构典型组织包括职能型、事业部型和矩阵型，有机式组织的典型代表是横向组织结构。

一、机械式与有机式组织

在系统科学阶段，组织理论学者伯恩斯和斯托克（Tom Burns & G.M.Staler，1961）依据组织是否具有生命特征，将组织分为机械式组织和有机式组织，这种组织分类既是对传统层级组织理论的总结，又是组织理论的重大突破。有机式组织和机械式组织可以从权力结构、职务、正规化、沟通和层级等多个方面进行区分（见表2-2）。从影响组织的正规化、集权化的变量来看，机械式组织的组织结构高度正规化、集权化，适应稳定的组织环境，机械式组织接近马克斯·韦伯官僚型组织；有机式组织的组织结构低正规化、分权化，适应变动的组织环境，由此可见有机式组织与机械式组织结构理论基本相反。从组织结构的层级和沟通视角来看，机械式组织是纵向型结构（也称为金字塔结构），有机式组织是横向层型结构。

表2-2　　　　　　　　　　两种组织影响因素比较

影响因素		机械式组织	有机式组织
结构因素	职务	专业职务	充分授权的角色
	正规化	规则较多，正式	规则较少，非正式
	沟通	纵向沟通	横向沟通
	层级	严格的职权层级	团队协作
	权力结构	集权结构	分权结构
权变因素	规模	大规模	小规模
	战略	效率战略	创新战略
	环境	稳定的环境	变动的环境
	文化	刚性文化	适应性文化
	技术	制造技术	服务技术

注：根据理查德·L.达夫特《组织与组织理论》（2014），根据图1-7改编。

二、机械式组织结构

机械式组织是把企业当成一台机器，企业员工是整个机器组织上的一个运转部件，员工的劳动力可以量化和标准化计量。机械式组织是通过研究组织内部的工作分工合作安排，实现提升工人效率的组织目标。机械式组织存在职能型、事业部型、矩阵型等多种结构，其中控股公司型组织（H 型结构）和事业部型结构具有类似特点，因此本文不再分析。职能型结构（又称为 U 型结构）是围绕相同职能自上而下地将各种活动组织起来的组织结构。事业部型（又称为 D 型结构）是基于组织的产出过程将各种活动组织起来的组织结构。矩阵型结构（又称为 M 型结构））是职能型结构和事业部型结构的组合，是充分考虑二者优点而形成新的组织结构。从影响组织的权变因素和结构因素来看，职能型、事业部型和矩阵型组织之间存在着区别与联系（具体见表 2-3）。

表 2-3 　　　　　　　机械式组织三种结构类型比较表

影响因素		职能型结构	事业部型结构	矩阵型结构
结构因素	职务	促进职务专业性	职务综合性	兼顾专业性和综合性
	正规化	正式规则	正式规则	正式规则更多更复杂
	沟通	产品内横向协调差，产品间协调性好	产品内横向协调好，产品间协调性差	双重协调
	层级	决策集权化	决策分权化	维持权力平衡比较难
权变因素	规模	部门内规模经济，组织规模较小	部门规模经济差，适应大型组织	具有部门规模经济和大型组织
	战略	创新性差	创新性强	创新性强
	环境	对环境反应迟钝	环境适应性强	环境适应性强

续表

影响因素		职能型结构	事业部型结构	矩阵型结构
权变因素	文化	——	——	员工归属感差
	技术	——	——	

资料来源：Robert Ducan.What Is the Right Organization Structure? Decision Tree Analysic Provides the Answer.Organiztional Dynamics，1979（Winer）：429–431.

二、有机式组织结构

有机式组织是把组织当成一个生命组织。有机式组织与构成组织的动植物生命体一样，要经历孕育、出生、成长、成熟乃至死亡等不同生命阶段。有机式组织弱化了组织的纵向层级，加强了横向层级沟通，比较典型的组织结构是横向型组织结构（John A. Byrne，1993）。

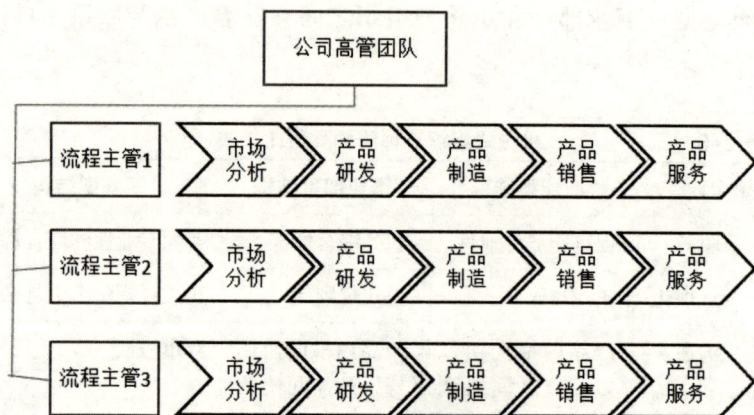

图 2-1　横向型组织结构示意图

资料来源：根据理查德·L.达夫特《组织与组织理论》（2014），图 1-13 改编

横向型组织是按照业务核心流程组织活动的组织。它是以服务顾客为目标，通过核心流程将员工按照团队机制组织而共同工作，主要通过对机械式组织的流程再造来实现。与部门作为矩阵型结构的基本组织单元相比，横向型结构的基本组织单位是专业团队。在相关业务活动中，

企业流程主管围绕顾客需求，把不同专业团队按照核心业务流程串联起来，完成组织业务活动闭环的构造（组织结构见图2-1）。在横向型组织中，顾客而非企业成为组织的活动中心。横向型组织的文化具有开放性，管理模式是基于共同目标的自组织管理（优缺点见表2-4）。

表 2-4　　　　　　　　横向型组织结构优缺点比较表

影响因素		优点	缺点
结构因素	职务	综合性强	制约技能纵深发展，大量培训
	正规化	非正式规则	核心流程确定比较困难
	沟通	横向沟通协调好	传统管理者放弃权力存在阻力
	层级	决策分权化	——
权变因素	规模	组团队组织	——
	战略	创新性强，灵活性强，对目标有宽广认识	需要对组织进行战略性重组
	环境	环境适应性强	——
	文化	变革型组织文化	——
	技术	需要小规模制造技术支持	——

注：根据理查德·L.达夫特《组织与组织理论》（2014），根据图1-10改编。

第三节　基于组织之间关系的结构分析

当组织结构理论的研究重点从组织内部关系转向组织之间关系时，就组织间组织结构设计问题，产生了多个指导理论，出现了生态种群组织、网络组织和平台组织等三种新型组织结构。新型理论不仅指导新型企业组织设计实践，而且在实践中得到进一步发展。

一、基于组织间关系的组织理论

组织间关系是指两个及以上的独立组织之间的资源交换、流动和联

系（Christine Oliver，1990）。组织间关系理论，可从组织同类—不同类
和组织竞争性—合作性两个维度对其指导理论分类（达夫特，2014）：
一是威廉姆森于 1975 年提出的交易费用理论，二是 Meyer 和 Rowan 于
1977 年提出的组织制度理论，三是弗里曼和汉南（Freeman，Hannan）
于 1977 年提出的组织生态理论，四是 Pfeffer 和 Salancik 于 1978 年提出
的资源依赖理论。四种不同的理论指导了三种组织结构理论研究：生态
种群型、网络型和平台型组织结构。

表 2-5　基于组织结构视角的网络组织与层级组织、市场组织的比较

影响因素		层级组织	网络组织	市场组织
职务	任务基础	功能导向	项目导向	一致性
正规化	控制/权威、影响模式	地位或规则基础；命令或服从关系	专业技能或声誉基础，重信念，通过形成连接也影响控制	通过价格机制取得信念
沟通	联系	重直沟通；不间断，一点到多点或多点到一点	横向沟通；当需要时，直接多点到多点	横向沟通；短期存在，直接，多点到多点
	冲突解决	刚性，行政命令	契约，共同协商	市场规范；法庭，法律体系
	交易	长期时间模式；高概率反复	中等偏长期；可变的反复（静态网络较高，动态网络较低）	短期时间模式；低概率反复
	信息集中	静态环境中的最低寻找；通过专业化机构	分配的资源集中；中等寻找	通过价格传达信息；价格向量重要，需要寻找价格
层级	垂直一体化	垂直一体化，生产投入所有权集中化	可变（静态网络中等，动态网络较低），生产投入所有权分散	无层级，生产投入分散

续表

影响因素		层级组织	网络组织	市场组织
层级	决策轨迹	高层，远距离	共同参与或协商，接近行动地点	即时完全自主
规模	产品	大量生产，大规模经济	定制化，规漠/范围经济	具体，完全，细数；不明显，公平，一次性连接或联合
	边界	固定，刚性，内或外；强，典型的静态链接或联合	柔性，可渗透，相对，潜在连接；强和弱，常常动态链接或联合	具体，完全，细数；不明显，公平，一次性连接或联合
战略	目的	中央执行者的利益优先	合作者的利益优先	提供交易场所
环境	信用	高	中等	低
文化	激励	低；预先确定过程步骤和产出；取决于固定工资	较高；业绩导向；利益来自多重交易	高动力的，销售额或退出市场
技术	资产和资源	高资产专用性；松散资源，缓冲存货；固定、大型的有形资产	适度资产专用性，非松散资源；柔性、无形资产	低资产专用性；易于交易

资料来源：Marshall Van Alstyne. The State of Network Organization： A Survey in Three Frameworks［J］.Journal of Organizational Computing & Electronic Commerce. 1997，（7）：83–97 中表 1 改编。

在网络组织、市场组织和科层组织的结构特征关系上，通过企业间网络组织特性和经济学分析，提出网络组织与市场组织、层级组织在组织结构设计影响因素的异同（罗仲伟、罗美娟，2001）。平台组织作为具化的市场（徐晋，2003），其功能是促进信息传递或者市场交易，平台是实体化的市场型组织。借鉴 Alstyne（1999）研究成果，结合组织结构影响因素，本文分析层级组织、网络组织和市场组织的结构特征三者异同（见表 2-5）。

二、种群型组织

组织理论学者在生态种群组织理论研究中，最早引入生态学理论，后来逐渐引入了资源依赖理论和交易费用理论，发展成为组织生态学。组织生态学来源于英国生物学家达尔文的进化论思想，最早的研究成果是美国人汉南（Michael T. Hannan）和弗里曼（J.Freeman）（1977）文章《组织的种群生态》。汉南从仿生学视角把组织生态结构分为生态物种个体、生态种群和生态群落，生态种群是指进行类似活动的一系列组织，他们利用资源方式相同，组织结构相似。种群生态学并不研究生态物种个体，而是运用生态位理论和种群密度，通过"变异—选择—保持"组织演变过程，研究生态种群总体对环境的适应性（Hanan &Carrol，1992）。在种群生态学中，生态种群内部通过相互合作实现集体生存（Van de Ven，1979），种群之间存在捕食被食、寄生和共生的生态行为（Moore，1999）。生存竞争是种群组织的战略，具体又分为综合化经营和专业化经营（David J.Tuckeretal，1990）。组织生存是组织效能的积极意义，而死亡是消极意义（霍尔，2003）。从种群组织理论的不足而言，它没有解释组织—环境之间的匹配关系，只是过多地与自然生态系统进行类比（Van de Ven，1979），而且也没有说明组织影响因素和建立新型组织结构理论，更多地是关注组织之间的演化过程。

三、网络型组织

（一）网络组织定义

网络一词来源于社会学领域，Hans B. Thorelli（1986）最早将其引入商业领域研究，后来研究人员不断引入资源依赖理论、组织制度理论和交易费用理论、模块化理论等指导网络组织理论研究。米尔斯和斯诺（Raymond E.Miles，Chales C.Snow，1992.）从传统组织演化视角，提出了网络组织是新型组织形态的论断。网络组织是介于市场和企业之间的新型组织形式（贾根良，1998），是一个有活性节点的网络连接构成的有机组织系统（林润辉、李维安，2000）。网络组织跳出传统组织集权与分权的矛盾思维，把市场与企业结合，提升组织的反应能力及运作效率（李维安，2003）。网络组织在实践中具有多种组织形态，比如动态网络（Snow，1986）、战略联盟（Harrigan&Kathryn，1986）、战略网络（Jarillo，1988）、特许经营（Shane，1996）和模块化组织（罗珉，2005）等。

在企业间关系研究中，不少学者使用模块化理论指导企业间网络组织构建。就组织构建路径而言，网络组织可以通过原子型企业模块化解构而成（青木昌彦，2003），也可以通过市场与企业融合，演变成模块化价值网络体系（李海舰，2002；李海舰、郭树民，2008b）。价值网络体系是一种企业间网络组织（杨瑞龙，2003），由于信息流动模糊了网络节点的传统边界，其结构特征是跨正式边界的高度一体化（罗仲伟，2000a、2000b），具有无边界组织特征（Ashkenas，1999）。罗珉（2005）从"产品模块化—产业模块化—组织模块化"发展路径，界定了模块化网络组织的内涵（业务模块化、能力要素模块化、组织结构模块化、模块化族群）和组织精髓（模块化组织是高度自律、灵活性、创新性的自组织经营实体），构造了模块化组织（芮明杰，2009），模块化组织结构包括经营部门模块化构成的纵向结构和职能部门模块化构成的横向结构（郝斌，2007）。

（二）企业网络组织的结构分析

网络组织是由众多网络节点连接而成，网络节点具有自身独立性、节点之间的显性地位平等和联系密切等特点。网络组织存在多种分类方法，比如静态网络和动态网络，相似联盟和互补联盟网络。企业网络组织主要存在三种分类，一是根据成员身份特征分类，网络组织可分为内部网络、垂直网络、市场间网络和机会网络（Achrol，1999）；二是根据结构类型分类，网络组织可分为点式网络组织和发散式网络组织两大类，其中点式网络组织又分为具有中心节点的星型结构、具有产权和层级关系的树形结构和纵横交错的网状结构，发散式网络结构通过共享信息协作渠道可以分为线性结构、环形结构（孙国强，2006）；三是根据市场—企业特征强弱分类，由于网络组织具有市场和企业双重特性，网络组织分为领导型网络和水平型网络（刘延平，2007）。领导型网络类似模块化价值网络，实践中存在虚拟生产、连锁经营等模式（李海舰，2002）。水平型网络存在战略联盟、联合经营、专业服务网络等模式。显然，理论研究从不同视角对网络组织进行分类，在组织结构设计实践中往往是一个或多个组织分类的综合。

（三）基于结构的网络组织特征

从社会学视角，人与人、人与组织、组织与组织之间由于交流和接触而存在一种纽带联系，这种关系分为强关系和弱关系（格兰诺维特，1973）。强关系加强组织内部联系，能够促进价值创造。而弱关系在群体、组织之间建立纽带联系，能够实现跨越群体、组织边界获得信息交流。不同网络之间存在网络嵌入关系，网络嵌入方式分为两种：一是关系嵌入，二是结构嵌入（格兰诺维特，1985）。在企业间网络中，结构嵌入不仅仅意味着彼此之间存在联系，而且与第三方也有联系，使得第三方知识跨越企业边界，实现信息分享。当前，结构嵌入在企业网络组织中表现为业务外包和众包（程立茹，2013），新设企业通过结构嵌入现有价值网络，能够增强现有价值网络竞争力（Huabai Bu，2013）。

从产业组织视角，网络组织具有如下特征：一是协同效应。网络组织的各个节点企业之间相互连接，所带来的组织间互动的整体效益，要超越各个组织独立运作的效益之和，即产生了1+1>2的效果，提升了网络组织的系统价值（芮明杰、李想，2009）。二是共享效应。网络组织之间不仅通过组织学习能够共享信息和内部组织，而且通过关系租金分配能够实现利益共享，不同结构的网络组织之间共享比例不同，而且网络组织之间共享促进了彼此信任（巨良荣，2009）。三是范围经济和规模经济。网络组织及其系统竞争力是市场创新和价值创造的引擎（Achrol&Gundlach，2014）。四是组织柔性化。网络组织增加企业间关系的精益性和灵活性，使得组织之间实现运作柔性化（Dess et al，1995）。

四、平台型组织

（一）平台定义

自 Cusumano（2002）、Rochet&Tirole（2002）开始研究平台组织以来，国际经济学界和管理学界对平台理论研究兴趣与日俱增。平台在新经济时代广泛存在，其重要性日渐增长，成为当前重要的经济体（Roson，2005）。时至今日，平台理论内容不断细分，学者们从不同时空视角赋予了平台新的含义（冯华、陈亚琦，2016），平台经济研究从价值链、价值网络和双边市场等维度展开。平台概念虽具有广义和狭义，实际上它不局限于一个封闭的系统，甚至可以囊括社会、文化，甚至政治元素（Nyman，2013）。Thomas（2011）认为平台形态分为平台组织（Simpson，2001）、产品平台（Gawer，2008、2009）、包含双边平台和多边平台的市场中介型组织（Rochet & Tirole，2006；Hagie，2007），以及平台生态系统（Gawer&Cusumano，2002；West，2003；Gawer&Henderson 2007）等结构形式。从企业边界视角来讲，平台组织和产品平台都属于企业内平台；市场中介型和生态系统型平台都是企业间平台，因为平台参与者都是独立的企业（Gawer&Cusumano，2014）。就研究对象而言，本文关注企业间平台组织结构理论。

就市场中介型平台而言，市场中介型平台是指两个以上的机构交易的场所（Amstrong，2006），平台并不拥有产品或服务产权而只是促成交易（Hagie，2009、2011），其竞争力是来自核心资源的市场定价权利。平台作为一种现实或虚拟空间（徐晋、张祥建，2006），可以导致或促成双方或多方客户之间的交易。本质上，平台作为市场的具化，不仅参与利润实现，还参与价值创造（徐晋，2013）。从平台概念上讲，多边平台与双边平台没有差别（Evans et al, 2011）；从组织要素上讲，把平台分为平台领导和平台成员两类（Eisenmann, 2008）。

就生态系统型平台而言，平台是指基于技术的商业系统控制中心（Gawer & Cusumano, 2008），定义整合了 Gawer（2009）的产业平台定义。Cusumano & Gawer（2002）认为平台包含多个关键要素：工作的范围、开放性、与合作伙伴的关系、组织文化及组织沟通方式等。此外，平台除了促成交易、传递价值外，其本身也产生副产品，具有新的价值，这种新价值能够成为其他平台的聚集平台成员或价值链的节点。平台是一种在双边或多边用户聚集并达到一定规模后形成的，用户间自发进行互动或交易的自组织机制（汪旭晖、张其林，2015）。因此，平台生态系统是产品平台和市场中介平台的延展和深化（Cusumano, 2010），受到模块化理论影响并强调平台的结构设计、界面规则和模块化单元（Baldwin、Clark, 2000）。平台生态系统也可称为产业平台、技术平台（Cusumano, 2011），在某种情况下能够作为外部企业发展自身互补产品技术和服务的基础，平台领导和平台成员共同组成商业生态系统（Gawer & Cusumano, 2014）。

（二）基于结构的平台特征

平台作为市场交易中介，具有在平台双边或多边集聚与搜寻成员、提供中介服务的功能（Hagie, 2014）。平台具有网络效应、双边依存性、协同效应和多属行为特征，可以完备高效地将各个方面的信息传递给平台成员，解决了市场信息不对称问题，降低了交易成本（Hagie, 2007）。

1. 平台网络效应。网络效应是指平台一边用户数量增加带来另一边用户效用提高，它是平台与传统市场的重要区别（张晓明、夏大慰，2006；曹洪、刘小梅，2008）。平台产生网络效应的前提是平台成员具有双边依存性（Amstrong, 2005），平台网络效应遵循 Metcaffe 定律（Evans, 2011）。平台网络效应分为同边网络效应和跨边网络效应（Amstrong,

2005），跨边网络效应能够通过平台成员单边补贴策略影响平台领导的战略目标实现（Evans &Schmalensee，2007）。

2. 平台协同效应。平台具有了类似价值网络的协同效应（孙耀吾等，2013），平台与其互补平台通过平台的标准化界面连接、兼容和共享，提升了创新生态系统的研发和创新效率（Allen，2000）。平台领导是生态系统的核心，其目标是为用户提供整体解决方案，组织模式是集聚众多在技术和产品上互补的企业开展协同创新（Adner，2006）。

3. 用户多属行为。多属行为是指用户为了保持平台竞争性，参与不同平台交易，通过在不同平台之间转换交易对象，提高用户自身效用（Rochet&Tirle，2003）。用户多属行为与平台定价策略密切相关，尤其是当平台固定收费较低时，用户可能根据收益和成本情况采取多属策略，而且平台交易的均衡价格取决于实现跨边网络效应的所需规模、费用结构和用户多属发生机会（Amstrong，2006）。由于用户多属行为使得功能相似平台之间存在包络威胁，为了降低用户多属行为在对平台发展影响，平台领导往往采用歧视性的定价策略，建立赢者通吃的竞争动力，用来减缓外部平台的包络威胁（Eisenmann et al，2006）。

（三）基于结构的平台分类

作为市场交易的自组织机制（胡岚岚，2010），平台从结构上分为双边平台或多边平台，实现连接双边市场用户或多边市场用户达成交易功能，通过获得中介费用而生存（Baldwin & Woodard，2010）。依据平台连接性质不同，从平台领导与参与者的结构关系上分为纵向平台、横向平台和观众平台。

1. 纵向平台。纵向平台是平台市场中介功能的体现，在平台成员中存在明确的供给方和需求方，平台领导不参与交易过程，只是起到促成交易达成的作用（杨云松等，2009）。典型例子是商场或者电商平台，它们仅提供透明的交易环境，平台通过收取中介租金生存（吴剑峰、吕振艳，2007；曲创等，2009）。纵向平台具有实体或虚拟平台两种组织形式，并具有典型的双边市场特征，比如交叉网络效应（Rochet& Tirole，2002）、平台定价结构非中性等市场特征（吴义爽、徐梦周，2011；华中生，2013；李允尧等，2013）。

2. 横向平台。横向平台是匹配具有相同需求的不同平台成员，平台只是按彼此搜寻条件匹配平台成员的信息需求（曲振涛等，2009）。典型例子是企业用户社区，比如海尔社区，小米社区等等（金杨华，2014）。与纵向平台的基本区别是，横向平台的双边用户不存在交易关系，只是互为信息供给和需求方（吴志军、赵雪，2013）。

3. 观众平台。观众平台本质是三边平台（Hagie，2014），一边的平台成员提供浏览内容，另一边平台成员用户观看、浏览，第三边平台成员播放自身产品广告而为平台提供费用。观众平台不仅包括新浪、搜狐等综合网站，也包括传统的电视、广播等。观众平台是纵向平台和横向平台的结合。观众平台为了实现同边网络效应和跨边网络效应，往往采取不对称定价策略，比如在滴滴打车平台的初始阶段，通过给乘客发放优惠券和给司机补贴方式提升双边用户规模，进而激发平台网络效应。然而，双边平台增加新功能而引入新用户，并不能成为三边平台。

第四节　基于组织外部环境的结构分析

如前文所述，组织环境是存在于组织边界之外的，并对组织有影响的所有要素的总和。通常，组织环境分为任务环境和一般环境。从企业组织视角研究，研究组织与环境关系更加关注任务环境。基于任务环境的组织研究理论代表是商业生态系统及相关组织理论。

一、商业生态系统的特征及分类

（一）商业生态系统源起

为了克服战略联盟、虚拟组织的不足，James F. Moore（1993）把生态学理论引入企业组织研究，首次把商业生态系统定义为以组织和个人相互作用为基础的经济联合体，并把它作为介于市场和科层组织之间的新型组织形态（James F. Moore，2006；罗珉、赵亚蕊，2012）。从理论上讲，商业生态系统是组织生态学从种群生态学向生态系统学范围扩展后，出现新的组织理论研究热点。Iansiti and Levien（2004a，2004b）认为商业生态系统能够有助于成员企业的成功与生存。Anggraeni（2007）认为商业生态系统是企业个体及其围绕核心企业的商业网络，包含企业特征、企业角色、网络结构、网络动态性、网络绩效和网络治理等六个方面。国内学者对商业生态系统与企业生态系统的定义没有作严格区分。陆玲（1996）认为企业生态系统与外部生存环境的统一体，企业与外部环境存在寄生、伴生、共生等生物关系。李玉琼（2006）认为企业生态系统超越了传统的行业概念，属于组织生态学的范畴，企业生态系统是企业制定战略的基本单元。实际上，与网络组织、平台组织不同，商业生态系统把用户纳入组织形态的研究范畴，扩大了企业组织的利益相关者范围。

（二）商业生态系统的特征

学术界在商业生态系统研究中引入了生态位理论、网络理论、自组织理论和复杂系统理论（赵玲，2001），并从生态学、网络组织、关键种群等学术视角提出了商业生态系统的定义、特征和结构（王举颖、赵全超，2015）。Peltonie &Vuori（2005）认为商业生态系统具有复杂系统的自涌现、自组织、自适应和共同进化特征。赵湘莲（2007）认为企业生态系统具有物种多样性、生态位分离和整体竞争性特征。秦书生（2008）研究了复合生态系统组织的特征：动态演化、非线性、自反馈、循环再生和协同共生特征。因此，商业生态系统作为经济组织的仿生结构，具有开放性、生态性和自组织特征，其指导理论涉及经济学、管理学、生态学等学科门类。

（三）商业生态系统的分类

徐艳梅（2005）认为组织生态学研究朝着三个方向展开：一是产业间的结构理论视角，从宏观层面研究生态演替和产业演进；二是产业内的组织结构视角，从中观层面研究企业关系、产业链变化；三是从企业内的结构理论视角，也就是微观视角研究业务重流程组与组织形态变革。而且，商业生态系统演化出产业生态系统（李晓华，2014）、企业生态系统（王举颖、赵全超，2015）和价值生态系统（金帆，2014）。赵道致、李广（2005）认为，价值网络组织体现了企业价值来源和分配的多元化，企业组织从网络组织向商业系统进化分为两种类型，一是单网络组织的商业生态系统，即以核心企业为中心，集成销售、加工、物流等分包商为网络型生态系统；二是竞争式"商业生态系统"，即有两家以上的垄断型核心企业和众多供应商和分包商的生态系统。

（四）当前研究小结

在多数研究论文中，商业生态系统与企业生态系统没有明确区分，本文研究对象——企业生态系统是以单一核心企业为核心、多个企业或业务团队参与的、包含核心企业任务环境在内的商业生态系统。企业生态系统的研究视角包括产业内组织结构视角、企业内组织结构视角。因此，企业生态系统是商业生态系统的一种类型，是企业生存和发展的环境型组织。

二、商业生态系统的结构

（一）基于生态的生态系统结构

James F. Moore（1999）从组织结构视角，把商业生态系统分为核心供应链系统、环境支持系统、竞争系统和宏观环境系统四个层面（具体见图 2-2）。

一个简单的商业生态系统至少包括生产者、消费者、分解者和市场者等几大单元集合等，并提出商业生态系统的进化时间结构、地理空间

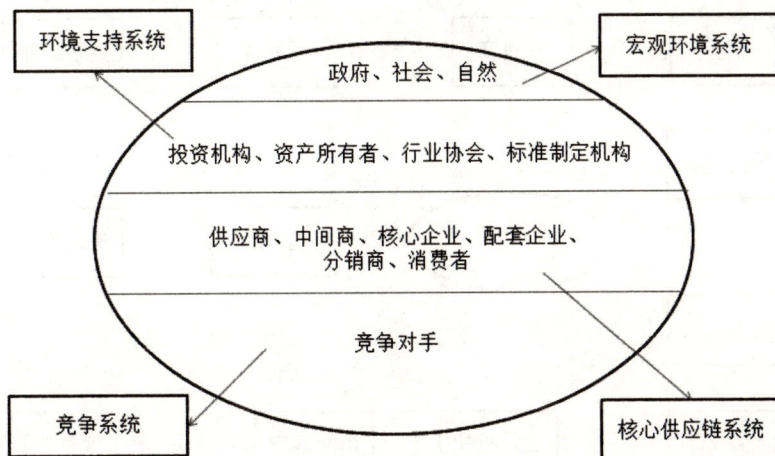

图 2-2 商业生态系统组织结构图

资料来源：詹姆斯·弗·摩尔：《竞争的衰亡：商业生态系统时代的领导与战略》，
北京出版社，1999 年。

结构和价值链结构（杨忠直，2003）。商业生态系统内的成员企业可以
分骨干型（Keystone）、支配型（Dominators）和缝隙型（Niche players）
等三类企业（Marco Iansiti & Roy Levien，2004b），商业生态系统是通过
组织扁平化和内部协调机制实现组织有机化（钱言、任信，2005），而
且商业生态系统模型主要包括以下七个要素：资源、活动、决策、标准、
角色、商业实体和商业模式（Tian et al，2008）。

　　Garnsey &Leong（2008）运用企业资源理论和组织演化理论来构建商
业生态系统，把商业生态系统当做企业交易环境，它是由与企业具有资
源交换或者价值创造关系的多个组织构成，因此，企业在商业生态系统
内部的交易伙伴不仅包括价值链上下游的供应商、分包商、用户等，还
包括竞争对手、合作伙伴、监管机构以及相应的人力资源市场等内容（见
图 2-3）。

　　因此，基于自然生态视角的商业生态系统组织结构分类存在两个问
题：一是组织结构分类，未能考虑商业生态系统的总体功能以及组织目

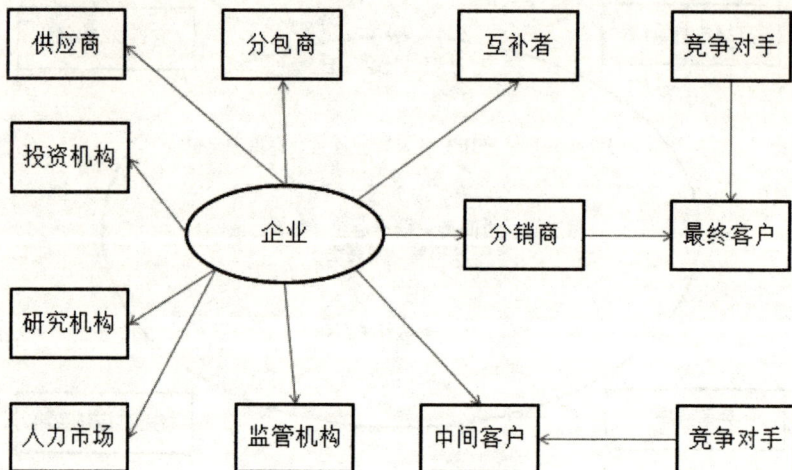

图2-3 基于资源视角的商业生态系统组织结构图

资料来源: Elizabeth Garnsey, Yuen Yoong Leong. Combining Resource-based and Evolutionary Theory to Explain the Genesis of Bio-networks [J]. Working Paper, University of Cambridge, 2007

标实现（李东，2008）；二是组织结构分类，并没有考虑商业生态系统中成员企业与所在组织环境之间的联系，也无法解释组织与生存环境之间的关系。

（二）基于网络的生态系统结构

商业生态系统是具有一定关系的组织（组织规模和形态不同）构成的动态结构，具有复杂系统的自涌现、自组织、自适应和共同进化特征（Peltonie，2004；Peltonie，2006；Peltonie &Vuori，2005）。商业生态系统围绕某项核心技术周围、相互依赖的供应商和用户共同构建的网络组织（Erik den Hartigh，2006），商业生态系统处于不同"活性节点"的企业在商业生态系统内运作，通过优势互补、资源共享、风险共担来创造和增加系统价值，商业系统价值是各节点价值和系统总体价值之和（梁运文、谭力文，2005）。商业生态系统是为企业提供资源、合作伙伴以及重要市场新的网络（Zahra&Nambisan，2012），从价值共享、网络连接维度把商业生态系统内部企业分为五类：价值共享型、价值平衡型、价值独享型、价值依附型和价值回报型（李强、揭筱纹，2012）。从上述文献来看，商业生态系统属于以核心企业为中心、合作伙伴共同参与的的价值网络系统。然而，现有文献没有说明商业生态系统中用户与网络之间的组织结构和互动关系。

（三）基于平台的生态系统结构

平台生态系统是由框架主体和互补品共同构成的动态商业生态系统（金杨华、潘建林，2014）。李东（2008）把商业生态系统中的平台领导定义为骨干企业，把生态系统中平台成员作为平台的搭接者。根据平台提供者（即平台领导，本文注）在商业生态系统的地位、成员规模和分布特征，从动力性能、包容性能和孵化性能把商业生态系统分为广阔草原型、带状森林型、山丘森林型和簇状丛林型。傅瑜（2014）认为商业生态系统是网络型的，单寡头垄断平台与其供应厂商共同构建商业型、社交型和信息搜索型商业生态系统。刘江鹏（2015）认为商业生态系统是企业组织与外部环境边界融合一体化的组织，可分为内部、外部两个生态系统，内部生态系统依靠平台实施模块化，利用社群逻辑构建社区型企业，外部生态系统依托互补资产构建网络组织。蔡宁等（2015）从用户为基点通过"基础用户沉淀—网络效应激发—商业生态系统共生—主导架构锁定"机理链的逆向方式，构建平台包络型商业生态系统，并把平台包络边界等同于商业生态系统边界。然而，平台的生态系统组织结构研究目前还是停留在单一平台或者互补平台构建的商业生态系统，并没有探讨更大范围内的平台生态系统之间、平台领导与平台成员之间如何构建商业生态系统。也就是说，商业生态系统没有阐述由多平台组成的商业生态系统组织结构及其内在关系。

（四）研究小结

从组织结构视角来看，随着商业生态系统理论研究的不断深入，研究趋向已经从简单仿生向系统仿生发展，从简单的、描述性研究性向深入的、系统研究发展。当前,企业生态系统的组织结构研究存在如下问题:一是商业生态系统组织结构与自然生态系统组织结构仅存在简单相似,比如网络视角研究商业生态系统只是类似与从营养结构视角研究自然生态系统组织结构。二是研究层面较低,从平台视角研究商业生态系统,实质上是把生态系统概念缩小,把生态群落等同于生态系统。三是研究维度较少,比如自然生态系统存在着组分结构、空间结构、时间结构和营养结构不同特征,目前基于平台、网络组织视角的商业生态系统多维度的组织结构及其相互关系研究内容较少。

三、新环境下组织结构适应性挑战

当前,组织环境进入到工业 4.0 时代。工业 4.0 是通过移动互联网、物联网和(服)务联网掀起第四次工业革命,旨在通过利用 ICT 技术手段,推进工业智能化转型,其内容突出了智能化、网络化和系统化(李金华,2015),工业 4.0 改变了经济组织的外部环境。

(一)工业 4.0 对个体环境产生的影响

由移动互联网、大数据、云计算和智能创造组成工业 4.0 环境,海量信息过载和用户注意力稀缺,人们从稀缺经济时代进入充裕经济时代,对企业组织的内外部环境产生了深远的影响。就商业交易环境而言,移动互联网改变了交易场所、交易品类、交易时间、减少了商品交易的中间环节(李海舰等,2014)。

一是个人能力得到极大释放。在移动互联网时代,个人与企业在交易中具有平等的市场地位,在供需关系中具有功能相当的工具,面临共同市场交易环境,个人自由、个人力量和个人价值被信息工具无限放大,社会从企业时代进入个人时代:人人都是自企业、自媒体、自结社和自金融(李海舰等,2014)。

二是个人力量能够自主集聚。个人资源集聚更加便捷,信息和资源掌握在地理上分散的个人手里,他们可能是某一领域的专家学者,也可能是产品或技术的发烧友、业余爱好者。企业要发挥普通员工力量，利用企业外部的大众力量，拓展企业资源使用范围，实现经营边界开放，能够聚沙成塔、滴水成海。

三是个人能够自发构建网络。移动互联网、物联网和（服）务联网产生了网络化的产品、用户和员工。由于组织员工和组织用户力量壮大，组织环境的不稳定性、不确定性、复杂性加剧，需要新型企业组织结构适应高复杂性的外部环境，并与组织环境联动。

（二）工业 4.0 对组织环境产生的影响

工业 4.0 实现了智能产品、个人之间互联互通，企业内部、企业外部的互联互通（叶秀敏，2015），而且改变了传统经济时代的众多信息不对称问题，使用户与企业距离缩短到零，用户要求企业具有"即需即供"能力。企业生产从追求供给端的规模经济、范围经济向追求供需双方的规模经济和范围经济转变，市场呈现"用户主动、企业被动"的新特征。

在企业外部，智能产品借助社会网络（SNS）实现物—物交互、人—人交互和人 – 物交互，企业环境动态复杂。消费者需求个性化、碎片化，在产品需求端形成长尾产品、长尾市场，企业具有产品大规模定制需求。企业与个人，企业与企业，企业与环境之间通过信息平台、信息网络进行实时交互。

在企业内部，建设智能工厂、开展智能生产、创造智能产品，智能工厂借助社会网络（SNS）实现人—机交互，建设智能物流开展产品高效配送，建立基于大数据的智慧型企业，进而通过智能产品、智能工厂、智慧企业引领建立智能社会（黄阳华，2015）。

总之，在工业 4.0 时代，组织个体之间、组织与组织之间、组织与环境之间的关系都将进行重构，企业组织需要根据环境变化进行动态适应，才能继续生存。

（三）当前企业组织面临的适应性挑战

工业 4.0 环境改变了个体与个体、个体与组织、组织与组织之间的关系，这必然要求企业组织通过业务流程再造、组织结构再造而进行企业组织变革，并具有扁平化、柔性化、生态型和智能型特征，因此需要产生新的企业组织形态——企业生态系统，新组织形态不仅需要新的理论指导才能有效构建，而且要满足来自组织宏观环境的基本要求：

一是企业生态系统围绕满足用户体验构建。在工业 4.0 时代，管理思维将战略性地改变传统的企业人力资本理念，企业与用户关系从竞争变成合作，企业需要在操作层面、管理层面和决策层面上使外部用户内部化为企业员工，让外部用户平等的参与企业经营进行利润创造（李海舰、王松，2002），增强用户在价值创造、传递中的参与感与体验，进而提升用户对企业组织归属感、忠诚度和用户黏度。同样地，在企业生态系统内部，存在组织之间、组织与个人之间竞争与合作、捕食与共生关系，如何在大数据时代通过利他合作理念，从围绕用户体验构建企业生态系统，从组织结构视角值得研究与探讨。

二是企业生态系统围绕新型组织要素构建。当前，作为无边界的开放系统（李海舰、原磊，2005），企业内部基本组织单位不再是单一的执行单元，而是横向组织、网络组织和平台组织中的模块化团队组织。在企业生态系统中，这些团队构建价值网络、平台生态系统。而在工业 4.0 环境中，构建企业生态系统的组织要素有哪些，它们在企业生态系统中具有什么样的组织关系和组织结构，才能够让用户与企业共同创造价值、传递价值、分配价值，进而增加企业生态系统和内部生态物种的自身价值。这些问题需要新的理论进行解答。

三是组企业生态系统应围绕新型管理模式构建。互联网时代的个体具有自驱动性、自增长性、自优化性和自循环性，改变了人与人、人与组织、组织与组织之间的的定位、边界、行为和利益分配方式。个体既具有极大的自主权，又需要生活在由组织创造安全、信任的生态环境中才能降低双方交易成本。而且企业又要培养具有多属特征的用户对企业生态系统的信任度和忠诚度。显然，这一要求，在传统的管理模式下难以实现。因此，在企业生态系统中，什么样的组织结构能够让企业生态系统创建者和参与者自我导向、自我激励、自我约束和自我发展的自组织管理（克莱·舍基，2009），并且让组织环境内各个成员参与组织管理（徐全军，2009），需要在理论上进一步探索。

第三章

企业生态系统结构理论

在工业 4.0 时代，企业组织变革的方向是企业生态系统，而现实中已存在不少企业实践探索，那么如何提出企业生态系统结构理论来指导企业组织变革实践？为此，本章首先研究了企业生态系统组织结构的指导理论，然后分析组织结构的组织要素，最后提出企业生态系统的组织结构及其特征，最终回答了这一问题。

第一节　组织结构的指导理论

构造企业生态系统组织结构需要明确其基础指导理论，什么样的新型理论能够用来指导生态系统组织结构理论建立？本研究尝试从《道德经》哲学、生态学和共享经济理论相结合的视角来解决这一问题。

一、道法自然哲学

《道德经》哲学，不仅应用于修身、用兵与治国等（李零，2008），还蕴含着自然界和人类社会的原始生态框架（杨忠直，2003），对中国管理哲学发展有着深远的影响。《道德经》管理思想是"由天道而推人事"，在企业管理理论应用表现为"无为而治"、"尊道贵德"（赵保佑、高秀昌，2003），其管理思想论证采用了朴素的辩证法，并且能够与管理学"计划、组织、协调、控制"四大职能紧密结合（柳振群，

2008）。从《道德经》哲学中产生了"道本管理"理论，其管理目标是解放人、发展人，进而激活企业发展的动力系统来实现企业的可持续发展（齐善鸿，2009）。

从《道德经》"人法地、地法天、天法道、道法自然"中，可以看出人类对自然生态系统的仿生路径。国家的管理者，需要把天下作为组织系统，并从自然生态系统中探寻管理之道，由此，《道德经》哲学中蕴含了朴素的组织理论。彼得·圣吉（2009）结合"道法自然"哲学提出学习型组织理论。他认为打破传统科层制领导，才能创建扁平化的学习型组织，进而实现"零管理"的组织管理境界。"零管理"需要组织能够自我运转、自我管理，其理念本质上不仅来源于自组织理论，还来源于"无为而治"管理思维。

（一）道法自然的组织目标

从企业生态系统的生存哲学视角看，《道德经》组织理论与自组织理论类似。"朴散则为器，圣人用之为官长，故大制不割"，圣人治国实现"大制不割"（即机制连续性），需要通过组织"朴散为器"来实现。企业生存哲学的组织管理对象是"小国寡民"，组织管理者"王侯"能够遵守组织治理之道，万物自然归化。组织成员能够遵循"绝私寡欲"、"尊道贵德"的组织文化而自化自治，进而能够"甘其食，美其服，安其君，乐其俗"，生存于、忠诚于组织，实现"重死而不远徙"，也就体现了组织成员对组织的归属感和忠诚度。从企业生态系统视角，组织成员对企业生态系统具有较高的用户黏度，生态系统才能长久生存与发展。

实际上，《道德经》的组织观念来自"道生万物"，赋予国家或天下等组织生命特征，类似多生命体的企业生态系统，并将个人修身原则用于组织管理，因此组织目标是长久生存，即是"天长地久"（邢文祥，2010）。生态系统组织边界是开放性的，组织管理方式遵循"道"，即"执大象"；能够天下自动归顺，即"天下往"。生态系统扩张导致组织边界不断向外延展，扩张的基本表现是其他组织成员和组织整体的自动归顺,根本原因是组织内部能够交往、互利而不相害,实现组织内部的共生、合作、和谐,最终表现为组织整体生存能力增强,实现了长久生存。

(二)道法自然的组织结构

从《道德经》的组织视角来看,组织结构的基本单元是"小国寡民","国"这个基本组织是由两大组织要素,组织成员和组织基本单位。组织成员之间具有共同价值观,组织内部存在朴素的平台和网络关系。

组织成员分为普通成员(百姓)和组织领导(圣人、王侯)。在诸侯国内部"设官长"、"置三公",可见,基本单元内部成员存在职责分工。组织成员虽职责不同,但都自由而平等,因为组织管理者具有"圣人不仁,以百姓为刍狗"的平等观念。在《道德经》中,百姓和圣人作为组织成员、组织领导都专注于自身核心能力。组织成员本来是无欲的,个人不合自然的行为是组织管理者的妄为引起的。组织成员和组织领导共同遵循"无为而无所不为"理念,组织成员因为专注,才能充分自身有限资源去构建自身核心能力,通过核心能力在更大范围应用而获得收益。《道德经》阐述了组织的个体、个体与个体之间、组织与组织之间的关系,组织成员具有"不争而善胜"竞争观念,组织成员关系不以竞争为主而是利他合作为主。

在《道德经》哲学中,组织成员之间存在朴素的网络关系,组织基本单元之间存在朴素的平台关系。首先,组织成员之间存在网络关系。个体之间类似《道德经》中的"善者"、"不善者",具体表述为:把整合资源能力作为核心能力的个人,称为善者;拥有专业能力而不善于整合资源的人,称为不善者,不善者作为模块化资源被善者整合在一起。在"天道无亲,常与善人"视角下,善于整合资源的人,类似网络组织中作为网主,不善者类似网络组织中的节点。作为网络组织成员,无论是网主,还是节点,它们都拥有生存的核心能力。其次,组织单元之间存在平台关系。组织的基本组织单元在功能上具有从属关系,类似《道德经》中"大邦"和"小邦",它们之间关系类似朴素的平台关系:一是"小邦"功能聚集在"大邦"周围，该组织关系类似平台领导与平台成员的之间依存关系。二是"大邦"、"小邦"存在动静关系。在平台生态系统中，平台领导处"静"，平台成员处"动"，只有让平台成员增加交易次数和提升栖息时间，才能提升平台成员的用户黏度，实现平台领导价值提升，最终提高平台领导对平台成员的包容性，实现以静制动。

（三）道法自然的内部关系

《道德经》蕴含组织循环演进机制（李鹏，2011）和自组织机制（王希坤，2011）。组织管理目标是"太上，不知有之"，这一目标体现在组织结构中组织单元之间的横向、纵向权力关系，才能够在组织运转中得到有效落实和体现，而且《道德经》在组织成员的横向关系和纵向关系上适用于共同的组织文化——不断创新（即《道德经》中"敝而新成"）。

1. 利他不争的横向关系

从组织管理来看，组织成员和基本组织单元自治，必须具有共同的组织价值观。在《道德经》中"道"本质含义蕴含着组织文化理念。在企业中组织文化的贯彻，需要"和其光，同其尘"的组织共生机制。"天之道，利而不害"，即组织本质是有利于个体生存、发展与进化。"人之道，为而不争"，即是要求组织成员专注核心能力建设而实现资源和收益共享。《道德经》提出 "水善利万物……几于道"，不仅是因为水在生命体和生态系统中不可或缺，还因为水"利而不害"和"为而不争"。在组织文化中，存在利他组织机制，无论是通过先利己、后利他还是通过先利他、后利己，这种利他组织机制，才都能够诞生万物、养育万物，实现组织内的生命生生不息，实现组织"天长地久"的生存目标。

2. 无为而治的纵向关系

《道德经》中蕴含着自组织治理，在纵向关系上体现为"无为而治"。自组织管理思想，从《道德经》管理哲学来看，就是"无为而治"，这要求在组织基本单元和组织整体中，组织成员都能自我管理，而且组织自治蕴含着产权共有的管理思想。在企业管理理论中，企业治理是基于契约不完全理论,企业股东承担最终经营风险而具有企业的剩余索取权。而组织全员自治不仅认同产权共有,还有认同权力分享、自组织管理。在自组织管理哲学中,无为而治的组织文化与管理方式,促进组织成员的决策、沟通、责任分担与创新能力。而且自组织管理增强了基本组织单元的创新能力(Cantrell& Benton,2014),进而促进整个组织的共同进化(Sultan,2013)。

二、自然仿生理论

作为企业运行的环境型组织,企业生态系统需要根据自然生态系统结构与企业生存环境的相似性,进行组织结构仿生分析。

(一)自然生态系统的基本概述

生态系统是指在一定的时间和空间范围内,在各种生物之间、不同生物群落与其无机环境之间,通过物质与能量流动循环而成的统一整体(杨持,2014)。生态系统由生物部分和非生物的无机环境部分构成,无机环境部分包括空气、水、无机的岩石等,生物部分包括生产者、消费者和分解者。生态系统中生物部分与无机环境具有相互作用关系,无机环境的特征直接决定生物的种类数量和生态系统的复杂性,同时生物也反作用与无机环境,生物之间的演化能够改变无机环境,典型的是草原沙化与沙漠绿化现象。

从时间维度上看,自然生态系统是不断进化的,其结构也不断演化变迁。生态学中存在竞争进化和合作进化两种理论。英国生物学家达尔文的"物竞天择"进化理论强调个体为了生存而争夺食物、资源的空间,物种生存是进化的前提,它是一种竞争、利己的进化机制(Oksanen,1988)。然而竞争进化学说与蚂蚁、蜜蜂等昆虫的利他进化现象相互矛盾。俄国生物学家克鲁泡特金则认为自然界任何生物都不能独立生存,群居的生物个体通过彼此联系,互助而生存,他们之间的关系在很多情况下是合作而非竞争,他们的行为更多是利他而非利己(Odum & Biever,

1984）。利他行为在相同物种和不同物种中广泛存在，利他行为又可分为同种生物之间的亲缘利他、不同生物之间的互惠利他和生物社会性的纯粹利他三种情况，具有这些利他特征的生物种群具有不同的进化策略和路径。

（二）自然生态系统的组织结构

根据生态学理论，本文从组分结构、空间结构和营养结构视角分析自然生态系统的结构特征，这三个方面的组织结构共同组成自然生态系统的组织系统全貌。

组分结构是指不同生物类型以及他们之间不同数量组合关系所构成的系统结构。由于物种组成不同，生态系统的功能和特征也各不相同。丰富多样的物种既栖息在生态群落内，又处在生态食物网中。在生态系统中，同一物种组成生态种群，比如杉树林、蚁群、野山羊群。同一种群内部存在种群密度、种群利他等特征，也存在竞争与合作、寄生与共生、捕食与被食等生态关系。

空间结构包括生态系统在地理空间上的水平结构和垂直结构关系。水平结构是不同生态群落在水平空间上的组合与分布。垂直结构是在不同海拔生存环境上、不同群落的垂直分布，以及生态系统内部不同群落类型的垂直分布两个方面。从生态学理论上讲，生态群落是简化的小型生态系统，生态群落的建群植物决定其群落特征，比如草种决定了草原群落，树木种类决定不同的树丛群落。

营养结构是指在自然生态系统中生产者、消费者和分解者之间以食物营养为纽带所形成食物链和食物网，营养结构是构成生态系统物质与能量循环的基础。在营养结构中，植物制造动物所需要的养分，成为动物的初级食物来源，动物之间在能量传递上形成动态的食物链（Fretwell，1987）和互惠共生的食物网（Odum & Biever，1984），细菌等分解者把动物尸体和死亡植物分解成无机物质，完成了物质和能量的循环转化。

（三）企业生态系统的结构仿生

企业生态系统可以通过结构仿生，模拟自然生态系统的组织结构，从而指导理论研究的继续开展。而在企业生态系统中，不同维度的组织结构通过共同的组织要素具有内在联系。

1. 从组分结构上讲，企业生态系统存在多样性生态物种

在企业生态系统中，存在多样化生态系统成员（简称生态物种），既包括用户、价值创造者、价值传递者等，也包括平台领导、平台成员，以及网主、节点，还有企业生态系统的创建者（命名为生态领导）。在企业生态系统中，每一个生态物种虽然功能不同，但是都不可或缺，每个生态物种都有管理它的生态团队（成员至少有一个人）。

在企业生态系统中，生态物种之间从竞争、淘汰关系发展到合作、共生关系，Norgaard（1984）较早地将共生演化理论应用到社会科学领域，张强（2005）通过研究系统演化的共生性原理分析物质世界的系统共生特征，袁纯清（1998）构建了共生理论的概念、工具、逻辑和方法体系。在企业生态系统中，多物种之间通过不同的组织形式存在竞争与合作、捕食与被食、共生与寄生等生态关系。

2. 从空间结构上讲，企业生态系统组织存在水平结构和垂直结构

平台生态系统包含平台领导和平台成员，平台生态系统类似于自然生态系统中的生态群落。平台领导本身作为生态群落的建群植物，决定了生态群落的特征。在企业生态系统中的所有生态物种都栖息于平台生态系统中。因此，企业生态系统要以平台生态系统为基本单元，以不同平台功能的水平关系和垂直关系，构建企业生态系统空间结构。

企业生态系统的水平结构是指主要功能相同、定位不同的平台生态系统之间的结构关系，比如阿里生态系统中淘宝网和天猫网生态系统。生态系统的垂直结构是指功能互补、彼此衔接的平台生态系统之间的结构关系。比如阿里巴巴生态系统中，淘宝网与支付宝、菜鸟网络物流之间的关系。不同平台生态系统之间的水平结构和垂直结构共同构成了企

业生态系统的组织结构，使得组织结构具有镶嵌性、成层性和连接性。

3. 从价值结构上讲，企业生态系统存在动态网络结构

在企业生态系统中，不同生态物种因在价值链中地位不同而存在价值层级，价值层级与生态系统中营养层级具有相似特征。因此，在企业生态系统中，由于存在价值层级与权力层级，进而存在关系协同问题。范建平等（2009）从管理视角研究了企业生态系统协同，提出企业生态链纵向协同和网络协同策略。

在企业组织环境中，不同企业组织之间通过研发、设计、制造、营销、物流、服务等价值环节构成价值链，企业生态系统中价值链和生态食物链一样具有动态更迭性。同一企业参加不同的价值链，因此组成价值网络。在价值网络中，又由于不同网络节点存在竞争合作、共生淘汰机制，而且节点企业更迭，进而能够保持价值网络的竞争力。

三、组织共享理论

当前，经济环境进入工业 4.0 时代，国外 Uber、Airbnb，国内的蚂蚁短租、滴滴顺风车等新型经济形态出现，传统的协同消费（Collaborative Consumption）以共享经济（Sharing Economy）新形式出现，对个体行为和组织结构产生了较大影响。

（一）共享经济的概述

1. 共享经济定义及特征

共享经济是指个体以不同交换商品的方式，共享社会资源（Nancy Koehn，2014）。共享经济从本质上说是一种合作生产、协同消费的经济模式，发源于仍是物品在个人之间的相互租赁（Economist，2013）。共享经济改变了人们对资源所有权和使用权的认识，使人们将物品支配权和使用权相分离，注重物品使用权的最大化利用，正如杰里米·里夫金（2014）所指出的"用使用代替所有，用共享代替独占"。

在共享经济模式下，传统的企业与消费者间的边界不断趋于模糊，

每个人都是一个"企业"，在不同的时间点和交易场所上，既是供闲置资源的供应者（信息、服务、人脉、物品等），更多时候也是合作消费者，进而形成了P2P（Peer-to-peer，个人对个人）的新型商业模式，比如P2P租赁和P2P借贷。在互联互通的网络环境下，作为产消者的个人，遵守网络共享平台定价规则，供需双方都是产品或服务的价格接受者，交易双方的历史信息和信誉在网络平台清晰可见，促使网络社会中个人声誉的显性化（Malhotra&Alstyn，2014），不仅使个体拥有更多的自主选择权，还使得双方在交易过程加强信任、产生共鸣，在共享经济中受益者不仅包括参与者，还包括所有消费者（Zervas et al，2016）。

2. 共享经济环境下的市场均衡

共享经济重新定义供需双方的商品成本与价值观念。在市场需求端，在稀缺经济环境下，消费者关注资产所有权，而拥有资产购买成本高、闲置成本高、维护成本高、资金机会成本高。在共享经济模式下，消费者关注资产使用权，在各种移动应用软件（APP）支持下，付费模式为使用一次付费一次，有些产品甚至可以免费使用。由于不再购买资产，不仅降低了消费者资金的机会成本，而且资产的闲置成本、维护成本降为零。在市场供给端，存在海量分散的闲置资源可供使用，产销者在满足自身使用基础上，将资源出租信息放在网络平台上，能够与需求方迅速结合，而且出租闲置资源的新增供给成本很低甚至为零，供给方对商品租金定价远低于传统经济模式下的商品租金。

在共享经济环境下，供需双方实现了新的市场均衡。一是从交易基础来看，首先要让参与者具有资源共享观念，其次要实现陌生人之间互信，而且共享应用平台的不断发展，能够促使参与各方共享交易历史信息，促使陌生的供需双方尽快建立起信任关系，不仅提高了共享平台系统的用户黏度，还促进了共享经济规模壮大。二是从交易过程来看，供需双方可以通过资源交易平台实现资源跨时空优化配置，使得资源最优化配置成为可能。供给方所拥有的一切资源都有闲置的时间，包括机器设备、人员、部门、技术、知识等。网络交易平台使得供需双方的闲置资源与信息自由充分流动，大大弱化了供需双方的信息不对称程度，使资源配置跨越了空间障碍，释放了供给方资源的碎片化价值，极大提高了资源配置效率。三是从交易结果来看，"共享"策略对每个参与方来讲都是占优策略。一方面是供需双方均获得满意的成交价格，尤其是需求方甚至免费使用资源；另一方面鼓励参与方分享资源的最大动机是不仅分享自身资源，同时也享受其他参与者提供的资源。

（二）共享经济的应用

从实体共享到虚拟共享，共享经济的新商业模式是P2P。在信息化、数据化和网络化的物联网环境中，共享经济已经渗透到虚拟、实体等私有资源领域。从二手旧物、共享玩具、共享汽车、共享房子等实体资源共享，都实现了旅行者之间、服务业提供者与消费者之间的实体资源整合与共享。国外的维基百科、Facebook和国内的百度百科、博客和微博等，甚至各种网络开放的音乐库、统计数据库，甚至开放的研究联盟和知识产权，都属于信息共享、知识共享、教育共享等虚拟资源共享。

从个体共享到组织共享，共享经济的新商业模式是B2B。在当前企业生态系统中，产品与个人可以通过物联网实现人人连接、物人连接、物物连接，实现产品、用户和员工的共享。在企业生态系统中，不同的组织可以通过价值链中某一环节的外包和众包，实现组织共享，比如电器企业共享京东的电商和物流体系。比如威客平台猪八戒网目前已吸引了几百万技术、知识分享者，具体业务包括企业战略规划、品牌、Logo设计、文案策划等方方面面，企业可以把相关业务在该平台上众包，实现了合作生产式的组织共享。

（三）组织共享的要求

共享经济蓬勃发展的技术背景是工业4.0技术背景，当前P2P商业模式的组织是网络共享平台系统，共享经济应用于B2B新商业模式的组织环境是新型企业生态系统。当前共享经济中存在的陌生人信任问题、用户归属感问题均需要在企业生态系统中解决，因此需要从共享组织使用权视角研究企业生态系统的组织结构，并且使企业生态系统在共享经济中具有新的特征。

1. 组织要素享用被享成为一体。在企业生态系统中，要求生态成员成为具有标准界面的模块化组织，具有在企业生态系统中被享能力，能够融入价值网络中。在此前提下，组织无论是作为节点组织被包，还是作为网主外包，都能够参与价值创造，实现资源共享。组织环境共享存在竞争者之间、合作者之间的共享模式。合作者之间共享典型的电商生态系统，比如在淘宝网站购物中展示、交易、支付、交流和物流平台属于合作者，能够在同一个流程中共享用户资源。竞争者之间的共享，比如价值创造型生态系统，创客团队可以共享研发、制造、营销、服务其中的整个基础平台。

2. 组织规模做大做小成为一体。在共享经济视角下，生态成员追求组织能力的使用权而非所有权，所以不再追求产权一体化和组织规模，而是专注于核心能力建设。企业发展模式由过去的"大而全"转变为"专精特"发展模式，由打多点转为打一点，并把这一点做到极致。在企业生态系统中，组织能力归核化和规模小型化，而企业生态系统的主导架构具有规模经济、范围经济和网络效应，形成企业生态系统的"多物种，小团队、大架构"的组织结构。

3. 组织文化自由忠诚成为一体。共享经济使得用户作为需求方具有自由选择权，但是供给方需要把生产权共享给陌生用户，因此完全依赖组织对陌生供给方的信誉体系建设，比如用户交易记录、其他合作伙伴评价等显性声誉。而且组织中往往存在共享平台断裂，导致个人历史记录无法共享，存在信息孤岛。如果能够在用户需求侧实现信息共享，不仅仅增加了用户黏度，而且增强组织参与感。因此，在共享经济视角下，用户自由选择权和对组织归属感是不可分割的。

4. 组织关系竞争合作成为一体。在共享经济模式下，平台组织是价格规则制定者，供需双方需要按照市场规则达成合同协议，按照协议完成物品交割和支付。交易过程不仅双方可见，而且受到平台领导等第三者监督，交易过程和交易评价全程记录。交易过程伴随着情感交流，不仅增进了供需双方身份互换的"无我"情感，而且增加了交易双方对组织的信任和归属感（蔡余杰、黄禄金，2015）。平台成员虽然只是一次交易，却与两个群体无限次重复博弈达成的均衡策略相同，交易双方从传统竞争关系转变为合作竞争、共同合作关系。

5. 竞争优势个体整体成为一体。当前，大数据技术能够实现用户生活场景的再现，用户个体被享，能够实现用户需求侧规模经济，然后在生态系统的逆向价值集成实现个体范围经济、整体规模经济和平台跨边网络效应。这不仅增强了供需双方在生态系统中的关联性和依存性，而且提升了用户价值创造参与度，进而提升企业生态系统的用户黏度，实现生态系统的用户规模发展的"荷塘效应"。因此，从实现用户需求侧范围经济构建组织，激发组织网络效应，形成规模经济和范围经济的正反馈机制，实现赢者通吃局面（Cusumano，2015）。

四、指导理论小结

《道德经》哲学对新型组织结构设计具有较强的指导作用。从道法自然视角，组织机构需要从生态系统中进行仿生，组织成员之间存在朴素的网络关系，基本组织单元之间存在朴素的平台关系。组织的生存目标是天长地久，管理目标是"不知有之"，组织单元在横向关系上是利他不争，在纵向关系上是无为而治。

企业生态系统结构类似自然生态系统组织结构。从组织组分结构上讲，要求组织生态物种的多样化。从空间结构上讲，以平台生态系统为基础，同类平台和互补平台构成了生态系统的水平结构和垂直结构。从价值结构上讲，组织之间存在动态价值链和动态价值网络关系。

工业 4.0 技术环境的变化，产生了共享经济。共享经济在组织理论中的具有资源共享和组织共享两种实践方式，组织共享要求企业生态系统具有新的组织特征，即具有组织要素的享用被享成为一体，组织规模做大做小成为一体，组织关系竞争合作成为一体，组织文化自由忠诚成为一体，竞争优势个体整体融为一体。

表 3-1　　　　　　新型企业生态系统的组织结构特征

组织影响因素		组织共享	组织仿生	道法自然	企业生态系统
权变因素	环境	工业 4.0	合作进化适应环境	——	工业 4.0 下的动态、复杂的组织环境
	技术	众包、网络、平台	——	——	众包、网络、平台
	规模	小规模、多物种、大架构	——	小国寡民，小规模	小规模、多物种、大架构
	文化	合作信任、自由与忠诚	——	利他不争	合作信任，利他不争
	目标和战略	跨界经营	共生与进化	共同目标	对外跨界经营，对内共生与进化
结构因素	正规化	——	——	低正规化	低正规化
	专业化	模块化	团队化	专注核心	模块化、归核化、团队化
	职权层级	无纵向层级	无纵向层级	简单层级	无内部权力层级，有外部价值层级
	集权化	分权化	内部合作	无为而治	内部合作、分权化的无为而治

资料来源：作者整理

　　因此，共享经济、生态系统和道法自然理论从组织结构视角指导企业生态系统构建，具体表现在以下方面（见表 3-1）：一是从组织环境的权变因素来看，需要具有工业 4.0 环境和合作进化外部环境，具有众包、动态网络和虚拟平台的技术基础，组织规模呈现"多物种、小团队、大架构"的组织特征，组织文化是合作信任、利他不争、自由而忠诚，组织目标是个体整体共赢、共生进化与跨界经营。二是从结构因素看，组织内部是低正规化，组织个体具有专业化、模块化和团队化的核心竞争力，在组织内部纵向上是低层级的无为而治，横向上是平等的利他共生。

第二节　企业生态系统的组织要素

从上节理论可以得知，企业生态系统组成要素是"多物种、小团队、大架构"。结合对商业生态系统中的平台与网络分析，构建企业生态系统的组织要素包括构建组分结构的团队、构建空间结构的平台和构建价值结构的网络。

一、生态系统中的团队

（一）生态团队的概念界定

在企业生态系统中，每一个基本组织单元都是理想状态下具有单一功能的企业实体，它既是平台生态系统的生态物种，又类似创业孵化器中的创业团队，也是模块化网络组织中的网络节点。根据企业团队理论，可以把这种模块化、生态化、自主经营的基本组织定义为生态团队。生态团队由于其功能单一，既类似于德鲁克的"小舰队组织"，又类似于海尔集团的"小微组织"。生态团队的基本功能是创造产品或服务来满足用户需求，生态团队所处的生产环节是作为所在产品或服务供应链的一个环节，所生产的产品是最终产品的一个模块化环节，比如手机硬件中的标准零件、照相模块或者手机组装，甚至手机系统中的一个应用软件等。因此，生态团队的基本功能围绕提供产品的某个业务环节或者职能环节展开。而且，一旦完成初始产品的功能设计，生态团队就根据用户的使用反馈、快速学习、持续研发，实现产品的快速迭代与创新，并通过营销平台不断聚集、壮大用户社群。同时根据用户新需求，更加精准地连接研发、制造和服务资源，动态调整产品价值链。在此过程中，生态团队也通过产品供应链上的不同业务模块协同优化，逐渐提升产品链协同效率。

（二）生态团队的组织特征

因为生态团队具有独立的工作内容和业务价值，而且团队创造的价值可以计量和交易，所以作为企业生态系统中的基本组织单元，生态团队具有如下特征：

一是生态团队拥有核心能力。每个团队的业务功能单一，比如仅仅研发团队、人力资源团队、投资团队、运营团队，然而正是由于功能单一，生态团队保持对核心能力的专注和持续投入，在自身能力范围内有所不为，才有能力应用范围的无所不为。而且团队价值与对外联系密切程度相关，比如研发团队必须与设计、制造等生态团队共同协作才能创造出用户满意的产品，而业务团队需要投资团队提供投资、会计团队提供财务服务，需要人力资源团队提供人力招聘等服务。只有生态团队为其他团队提供的服务价值更大和为更多的团队提供服务，它本身的价值才更大。只要生存环境具有更好的生态团队运行机制，每个团队要么融入更多网络，要么栖息于不同平台生态系统，才能更好地在企业生态系统中生存。

二是生态团队具有开放、动态的组织边界。传统经济学认为，企业的边界在于企业内部运营边际成本等于边际收益的地方。生态团队作为企业生态系统中最基础的功能单位，团队边界取决于内部边际成本，内部运营成本取决于团队内部效率。如果团队内部运营效率高，那么团队内部边际成本较低；如果内部交易成本低于市场交易成本，那么团队边界会继续扩大，直到等于市场交易成本。团队的新创业务是随着用户需求不断迭代创新，团队业务内涵和功能是不断变化的，因此生态团队边界是开放动态的。从产权经济理论来看，企业产权边界也是企业组织边界，企业资产包括有形资产和无形资产。在工业 4.0 时代，在企业中起决定性作用的是无形资产，因此企业的边界主要取决与包括专利、知识产权、人力资本无形资产。不同业务功能的生态团队，其无形资产内涵不同，比如研发团队的无形资产主要是专利和专有知识，营销团队的无形资产主要是营销网络,运营团队的无形资产主要包括运行平台和运营能力等。

三是生态团队结构具有多中心的组织结构。生态团队作为企业生态系统中的个体,需要适应企业生态系统的动态变化,并与企业生态系统共同进化。由于企业生态系统自组织的组织结构,也需要生态团队内部结构与企业生态系统结构相一致,因此生态团队内部结构也是多中心、分布式的。这种团队内部结构将团队成员由执行者转变为决策者,并鼓励其灵活运用内外部资源。由于团队成员能够根据业务需要随时准备着应对变化和创新,他们从外部获取新的想法,不断发展自己的专长、更新知识、缩短技术周期,围绕用户需求不断尝试新技术、开拓新市场,不断提出团队的改进建议,一直处于永不满足、不断改进的工作状态。而且,团队内部的管理权力下放到团队成员手中,包括用人权、决策权、分配权等,不仅激发团队成员的责任心,赋予工作权限内的更自主灵活性,也为团队贡献更多的价值。更为重要的是多中心团队结构,能够避免决策的单一风险,一旦新创业务发展缓慢,能够开展团队重组,最大限度地减少对企业生态系统内其他相关业务的影响。

(二)生态团队的组织关系

在企业生态系统中,每个基础组织单元成为具有自主经营的生态团队。Harper(2008)从团队成员的分工与互动视角把团队分为单成员团队(单一创业者)、节约型团队(成员信念相同、利益共享)、混合型团队(节约型团队与单成员团队的混合)和嵌入型团队(成员分为引领者和辅助者,引领者负责理念、战略等层面,辅助者负责管理和技术实现)。在企业生态系统中,生态团队依据彼此之间的功能,围绕他们与用户关系的远近分为三类:

一是企业生态系统中的组织管理团队。企业生态系统中的组织管理团队主要包括两类:①生态领导团队。生态领导团队负责企业生态系统的设计、建立、监管和维护,也是企业生态系统的最高管理者。生态领导团队负责制定企业生态系统的发展方向,搭建企业生态系统的组织架构，制定企业生态系统的基本运行规则。②平台领导团队。平台领导团队主要负责平台生态系统的设计、建立、监管和维护。平台领导在生态系统中的角色不再是过去高高在上的管理者，而是"设计者"（Amrit，2010）、"评判者"（Robert& Zhu，2013）、"教导者"及"变革者"（Simone& Ulrich，2012），为企业生态系统中的栖息者提供其所需服务。

二是企业生态系统中的生态物种团队。生态物种团队分为三类（见表3-2）：①业务型生态团队。他们围绕满足发掘用户的需求创立长尾产品，拓展长尾市场。这类团队围绕着产品链进行分工，比如研发、制造、营销模块化组织等，这些模块化组织围绕产品从创意到回收的全生命周期为用户服务。②驱动型生态团队。驱动团队围绕业务团队的需求提供专业资源和服务，比如引进资金、引进人力和引进成熟管理机制，以及提供营销策划推广等专项服务，驱动团队也是通过企业专有资源和专有服务的平台构建驱动服务网络，实现业务型团队组织从生到死的全过程孵化服务，是业务型团队的孵化和生存的微环境。③环境型生态团队。环境团队围绕业务团队和驱动团队的共同需求，提供公共资源（比如数据库）和公共服务（比如财务核算、云计算等），环境团队也是集成了不同的职能团队价值，为整个生态系统提供运营环境服务。这类职能团队服务的对象是业务型组织和驱动型组织，是所有生态团队的基础运行环境，如同森林生态系统中的土地、空气和水分等非物质环境基础要素一样。

表 3-2　　　　　　不同生态团队的组织功能分类表

团队名称	功能
业务型	围绕满足发掘用户的需求创立长尾产品，拓展蓝海市场。围绕着产品链进行分工，比如研发、制造、营销模块化组织等，是其他团队的机制来源
驱动型	服务对象是业务型团队，提供管理制度、资金、人力等硬件和软件资源接入等模块化、定制化服务，是业务型团队的定制运行环境
共享型	服务对象是业务型组织和驱动型组织，是所有模块组织的基础运行环境

资料来源：作者整理

当然，业务团队、驱动团队和环境团队也围绕用户需求变化而改变自己提供的服务内容，既存在网主团队，也存在节点团队。由于用户需求的变化性，导致整个生态系统是动态、变化调整的。在企业生态系统中，生态团队要在全社会范围内对研发、制造、营销、营运等区段进行大规模的协同整合，每一个产品都是众多模块协同而创造出来的，众多模块团队协作的组织模式与单一企业的组织方式具有根本性的区别，这些区别不仅改变了企业的竞争方式，而且改变了市场结构和企业市场地位。

二、生态系统中的平台

（一）平台的主要功能

根据前文研究，企业生态系统中的平台，定义为供平台成员创造与传递价值、自由分享的开放式组织架构，是市场和企业完全融合下快速配置资源的场所。在企业生态系统中，平台生态系统是实现企业由单生命体向多生命体转型的重要基础，平台周围栖息着大量平台成员，包括大量产品、服务或内容的提供者及消费者（刘江鹏，2015），在不同的交易群体之间，实现了价值与信息传递。例如，海尔搭建了开放式创新平台，在平台生态系统中聚合了众多的技术需求与技术开发人员、极客、专家学者、研发组织等，便于技术开发方贴近技术需求方，通过技术供需双方的高效精确匹配，研发适销对路的产品（张小宁、赵剑波，2015）。

平台生态系统具有开放动态的组织边界。成功的平台生态系统不会局限于现有资源，在达成共识、具有共同目标的基础之上，它可以吸引聚集社会中的任何一员成为合作伙伴，一个典型的例子是 linux 的 Open-X 活动，利用开放的操作系统开发社区，打破了成员地点和机构的边界，使组织外的智力资源实现内部共享。作为企业生态系统的重要组成部分，平台成员与其所在的生态系统紧密连接，是生态系统生长的必要源泉。

（二）平台的核心竞争力

随着创新环境的改变，企业创新方式从单纯的"技术创新"走向全面的"系统创新"（黄速建等，2010）。当前平台竞争方式已经从市场中介型平台转向产业链平台竞争，并出现多个平台生态系统包络成为新生态系统的竞争方式（Gawer，2014）。用户黏度（User Viscosity）是形成双边市场型平台核心竞争力的重要基础（刘子龙，2008），也是衡量平台自身价值的重要指标。平台用户黏度是指用户对平台的重复使用度（淦未宇，2010），直接决定着平台的容量，并具有动态变化特征（Isckia& Lescop，2015）。用户黏度建立在用户转换成本和平台自身功能与品牌吸引力上（陈威如、余卓轩，2013），是平台对用户的吸附能力（徐晋，2014），可以从以下方面去描述：一是平台能够吸附到的平台成员数量，二是成员在平台上栖息时间长度和成员在平台中的交易频率。在平台竞争过程中，不同平台对成员吸附方式是不同的，不同的吸附方式导致平台增长速度不同，一旦达到平台成员规模临界点，平台容量和用户规模呈指数增长（Cennamo & Santalo，2013）。

作为平台竞争力的具体指标，提高平台生态系统的用户黏度具有三种路径：一是提高平台自身容量和用户数量规模，二是提高平台成员在平台的交易频率，三是提升或延伸平台功能，围绕实现用户需求范围经济，为用户提供更多服务。从信息通讯产业的实践来看，单一平台对市场的覆盖已经达到自身极限，需要不同平台间连接而产生更加复杂的企业生态系统，才能够激发不同平台间的跨边网络效应（Hoelck & Ballon，2015），平台包络是通过异质性平台进行对象锁定和功能捆绑逐渐延伸而进入新市场，最终目标是实现不同平台之间的用户共享，最终提升平台的用户黏度和竞争力（Eisenmann et al，2011）。

显然，依靠单一平台生态系统存在被更强大的企业生态系统覆盖的风险，因此，需要异质性平台生态系统之间进行多种方式连接，构建基于用户的组织共享关系，最终构造以平台生态系统为重要组成部分的、平台之间网络化连接的企业生态系统。平台生态系统之间连接行为不仅仅是平台包络，还包括平台共生、平台嫁接等。平台连接有利于突破平台成员数量的规模经济临界点，提升同边网络效应、跨边网络效应及用户转换成本，最终成为平台生态系统实现赢者通吃的必经之路。构建基于平台生态系统网络化连接的企业生态系统，不仅能够抵御外部竞争压力，而且改变了平台生态系统的竞争方式。

（三）平台间的组织关系

平台生态系统是企业生态系统空间结构构建主体，平台成员规模与其所在的生态系统紧密相关，平台成员数量增长是企业生态系统生长的必要源泉。基于上文分析，构建基于平台生态系统的企业生态系统需要分析平台生态系统之间的功能关系。当前，网络价值集成方式从实现传统的供给方范围经济向需求和供需双方的范围经济转变。而且，基于平台生态系统之间的价值集成，不仅仅基于传统的静态优势，更需要"瞬时优势"（McGrath，2013）的相互关联、有序迭代，进而建立起基于瞬时动态的生态系统竞争优势（赵振，2015）。因此，平台之间的网络关系需要从需求和供给两个视角去构建。本文从生产资料投入、企业运行及产品产出视角，围绕创业与产品创造，把平台之间关系分为围绕供给方的资源投入、运营服务，以及围绕需求方的价值创造、价值传递两大类关系。而且，在产品价值链上，平台之间在不同价值环节存在垂直关系的一体化连接，在同一环节存在水平关系的互补和替代连接。

在平台生态系统之间的垂直关系方面，异质化的平台生态系统通过网络化方式连接，最终构成围绕某一产业领域的纵向一体化的企业生态系统。在围绕用户价值创造与传递方面，需要围绕用户与业务团队之间交互创意与产品功能构筑众聚平台，围绕业务团队的产品创造功能构筑众创平台（比如研发平台、营销平台、物流平台、制造平台等），围绕企业资源投入和产出的生产性服务方面构筑众扶平台，围绕企业生态系统运营服务构筑众享平台。这些平台之间通过用户共享、组织共享，组成了企业生态系统的空间组织架构，通过平台界面开放、进行平台搭接、共享系统数据，实现平台包络、共生和嫁接，使得松散的平台能够实现网络化连接，构建企业生态系统的纵向空间结构（见图 3-1）。

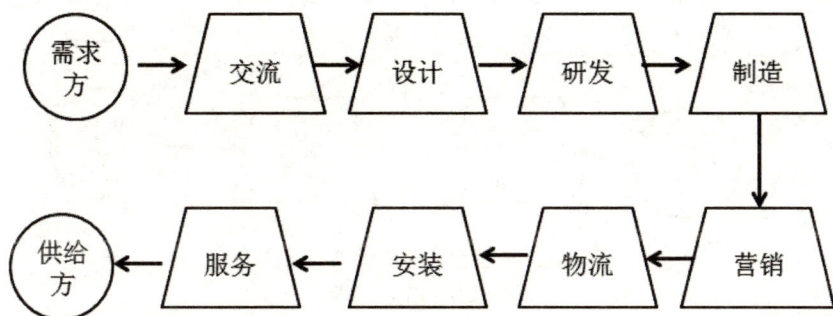

图 3-1　企业生态系统的纵向结构
资料来源：作者整理

在平台生态系统之间的水平关系方面，由于产品作为多功能的情感表达媒介（李海舰等，2014），平台之间关系是围绕实现产品用户的不同"场景"（Kenny & Marshall，2000）下的范围经济，开展网络化集成而建立，其本质是产品通过平台传递能够占据用户生活时间和情感表达场所，让产品促进用户生活的便利性，进而增强用户对企业生态系统的归属感和忠诚度，即提升企业生态系统的用户黏度。平台间的替代或互补关系存在，是根据平台中不同细分用户或用户的不同场景需求，开展网络化集成而建立平台间的结构关系。比如，天猫、淘宝、聚划算等围绕着品牌超市、普通集市和团购需求用户建立，同时共用一淘、阿里妈妈等互补平台。因此，基于用户场景的网络关系嵌入不同平台生态系统的横向结构型企业生态系统构建（即网络 + 平台型组织结构），最终促进企业生态系统内用户社群的形成和壮大，为生态系统开展跨界经营奠定初始用户规模基础（见图 3-2）。

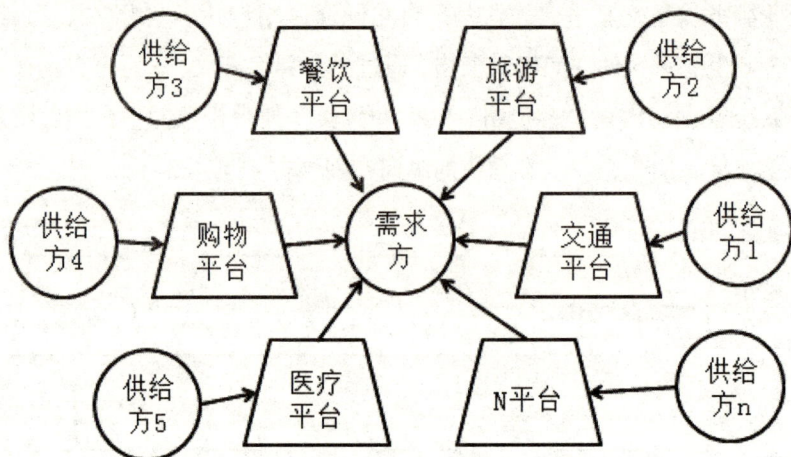

图 3-2　企业生态系统的横向结构
资料来源：作者整理

三、生态系统中的网络

（一）网络的主要功能

如前文所述，网络是以专业化联合的资产、共享的过程控制和共同的集体目的为基本特性的组织管理方式（罗仲伟，2000）。企业生态系统中网络的主要表现形式为平台成员生存在平台生态系统，平台需求方以信息传递为目标形成弱关系信息网络，平台供给方以价值集成为目标互连互通，形成强关系的价值创造与传递网络。从宏观层面来看，这些交易主体只是一个网络节点，但从微观层面来看，其本身也是一个网络。例如，从海尔整体组织层面来看，"小微"只是一个节点，但从"小微"这一微观角度来看，它也是由不同小微团队成员所构成的网络组织（胡泳、郝亚洲，2014）。

在企业生态系统中，网络组织具有如下功能特征：一是网络组织基本功能是信息交流和价值集成。不同网络组织间通过界面规则连接，彼此之间的弱关系实现信息的传递交流，强关系实现在组织之间的价值传递和价值创造、价值集成。二是网络组织能够实现个体整体目标的统一。从整体看，相关生态团队围绕用户需求构成一个价值网络组织，具有同一目标的他驱动，他运转；从个体看，每个生态团队又都是一个独立的自主经营体，围绕各自利益诉求，能够自驱动、自运转。三是网络组织是多重关系的统一。企业生态系统中网络组织既是市场关系统一，又是产权关系的统一，而且组织间长期合作还是社会关系的统一。同时，网络组织之间既存在正式的关系，还是存在非正式的关系。四是网络组织是多重要素的协同。网络组织之间存在信息要素、价值要素和物流要素的协同。

（二）网络的主要结构

在模块化价值网络中，各节点企业并非同质，而是具有不同生态地位、承担不同功能，可将这些团队分为规则设计商、系统集成商和模块供应商三类。规则设计商是拥有最终产品制造的核心知识，为网络提供一个旨在既保证成员间的独立性又保证功能一体化的框架性规则的主体（李海舰，2007），负责产品的虚拟整合。系统集成商负责网络产品的实体整合，包括子模块间的协调、整合与测试等，这类主体必须对模块间的层级关系及相互依赖关系非常了解。模块供应商负责设计、生产具体的子模块（彭本红、石岩，2011）。通常情况下，规则设计商和系统集成商合二为一，称之为网主团队。模块供应商相应称为节点团队。

基于成员身份特征和有无领导型企业的网络分类，可以分为垂直网络和横向网络。垂直网络结构定义为节点之间具有隐形层级的网络结构，而水平网络结构定义为网络节点之间完全平等的网络结构。针对成员身份特征来看，产业之间网络的成员属于产业生态主体（张丹宁、唐晓华，2008），网络类型属于横向网络，机会网络也属于横向网络，原因在于网络成员属于价值传递的供需关系，不存在层级结构；企业之间价值网络，是产业价值链主体围绕产品价值链建立的，属于垂直网络，组织之间存在隐性层级。

在企业生态系统中，垂直网络是在价值创造相关的平台生态系统中，产品系统集成商与模块供应商构成垂直网络关系。比如在业务生态系统中，一部分是网主团队，另一部分是节点团队。网主团队作为价值集成商，集成节点团队资源，彼此之间是一种垂直网络关系。同样地，在职能生态系统中，驱动生态团队将企业的制度、投资和管理资源注入业务团队运营中，驱动业务团队发展壮大和价值增值，最终实现价值生态共享。

在企业生态系统中，横向网络是生态系统内部以平行交流而不是以产品价值创造为主的网络结构。横向网络通过产品网络连接构建用户之间的社交网络，随着网络扩大呈现规模效应、协同效应和速度效应。在供给方相关的平台生态系统中，所有服务类型团队都在平台一侧同业务型团队存在连接，这些团队之间的网络关系都是横向网络结构。

（三）网络的动态交互

从时间维度和网络成员变动程度，可以把网络组织分为静态网络、动态网络。如果外部环境稳定，那么网络组织稳定性强，出现静态网络，反之则出现动态网络。静态网络能够长期共享核心资源，组建网络成本较低，但网络成员退出成本较高。而动态网络具有临时性和短暂性特点，组建网络的成本较高，但网络成员退出成本较低。

在企业生态系统中，价值网络中的各个节点相对于用户需求而言，核心优势持续时间较短，相对竞争对手甚至仅具有瞬时优势，因此，网主型团队为满足产品新功能需求，需要更换新的模块供应商，否则新产品无法满足用户需求导致整个网络体系被用户淘汰。因此，用户需求变化越快，价值网络的成员迭代程度越高，由于每次更换网络成员都需要在市场上花费搜寻、交流和信任成本，因此平台机制促进网主团队与节点团队的连接。在价值网络中需要嵌入交易平台，通过实现价值网络动态更新，形成以网络为主、平台为辅的价值创造生态系统（见图3-3）。

在工业4.0时代，在地理空间中分散的用户以社群方式集聚于交互平台，网主型产品创造团队在交互平台与用户社群进行产品需求、基本功能和产品形态乃至产品模块方面的信息交互，使得用户完全掌握产品

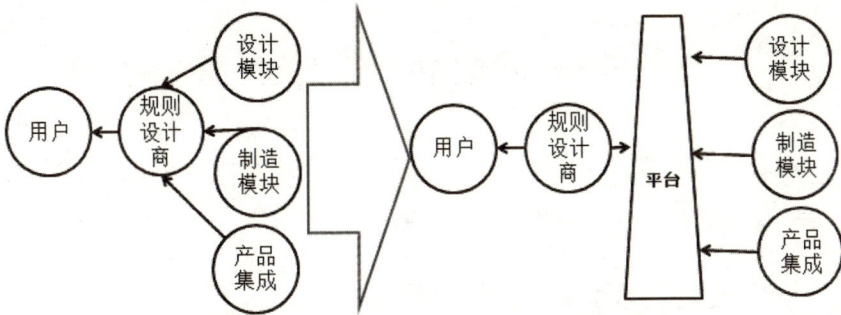

图 3-3　价值网络中成员迭代的组织结构图
资料来源：作者整理

创造过程的主动权，并赋予产品情感价值，进而提升用户对平台生态系统信任和归属感。在传统的价值网络组织中，仅仅由网主型产品创造团队与用户社群进行交互，模块供应商团队按照网主要求提供产品模块即可。由于这种垂直型网络组织存在隐性权力导致模块供应商与用户社群的沟通效率低，导致整个价值网络反应慢、传导慢，因此，需要去掉网主团队的隐性沟通权力，使得所有的模块供团队、网主团队共同与用户社群直接沟通，进而提升交互效率和价值链反应速度。这种群体对群体的沟通模式，显然需要多方聚集在交互平台，因此产生平台嵌入网络的企业生态系统组织结构，即"平台＋网络"的组织结构（见图3-4）。

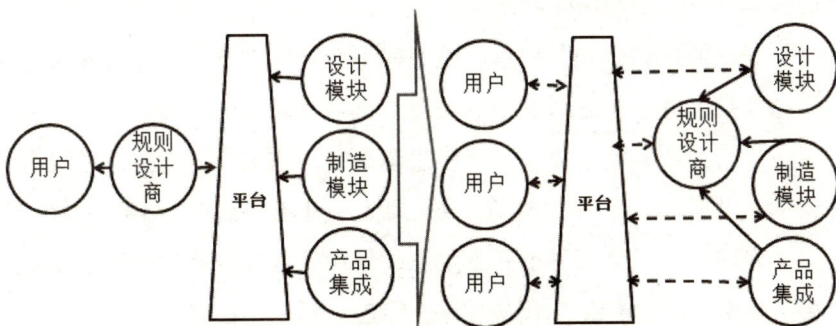

图 3-4　价值网络中隐性层级的去除过程图
资料来源：作者整理

第三节 企业生态系统的组织结构

根据前文研究，在分析企业生态系统组织要素基础上，提出企业生态系统的组织目标、组织特征和主导架构。

一、企业生态系统的组织目标

（一）企业生态系统的定义

根据前述研究，企业生态系统是从基于组织内部的科层组织不断演化而来的企业运行单位环境型组织。在企业生态系统的研究中，虽然分别从仿生视角、平台视角和网络视角研究企业生态系统的定义、特征与组织，然而并没有提出企业生态系统的定义与特征。本文把企业生态系统组织定义为，基于组织环境视角的以单一企业为主体来构造的环境型组织，在此组织中，生态个体与个体之间、生态个体与生态团队之间、生态团队与团队之间、生态团队与环境之间进行物质、信息、价值交换循环。在组织要素上，企业生态系统包括多样化生态个体（员工、用户和产品）、组织单元（团队、平台、网络）。从组织理论视角，企业生态系统与当前平台生态系统、网络组织、商业生态系统在定义上具有一定的区别，具体表现在以下方面：

一是企业生态系统是由单一生态领导企业构建的商业生态系统。企业生态系统是商业生态系统中的比较基础而常见的一种形态，不同类型的企业生态系统共同组成整个经济生态系统。比如在电商生态系统中存在阿里巴巴生态系统、京东生态系统、亚马逊生态系统、当当生态系统等。每一个企业生态系统都是由一个生态领导团队构建企业生态系统组织，众多买家卖家和电商服务团队在生态系统中共同生存。

二是平台生态系统是构建企业生态系统空间结构的主体。平台生态系统本身也是一个子生态系统，类似自然生态系统中的生态群落，内部也存在多样性生态物种和价值关系。比如京东商城中存在电器、图书、服饰等多种商品的卖家、买家，卖家店铺存在京东自营、工厂直销网店、工厂分销网店等多种生态物种。如果仅是单一的电商平台生态系统，如果没有物流平台生态系统、交易担保支付生态系统、电商服务生态系统等相互连接，也难以构建持续生存的企业生态系统。在企业生态系统实践中，这种平台生态系统的平台领导团队被称为事业群，比如腾讯公司2012年划分为不同事业群：企业发展事业群、互动娱乐事业群、社交网络事业群等。

三是网络组织是构建企业生态系统价值结构的主体。根据格兰诺维特对网络关系的划分，弱关系网络能够传递信息，强关系网络不仅传递信息而且能够创造、传递价值。在企业生态系统中，既存在强关系网络，比如模块化的供应商价值网络，也存在弱关系网络，比如产品关系网络、用户关系网络。从网络组织视角来看，企业生态系统中存在动态价值链和动态价值网络，企业生态系统中的每个生态物种都在网络组织中。作为生态价值网络的节点团队，可以是平台生态系统的平台领导或者平台成员，因此网络关系既存在平台生态系统内部，也存在平台生态系统之间。

（二）企业生态系统的目标

从仿生学视角来看，企业生态系统是由众多不同价值功能的、具有核心能力的生态团队为基础组织要素，具有多种结构形式的环境型组织。企业生态系统的组织生存目标是"天长地久"，即不仅是企业盈利、发展，还要与环境共同进化，企业生态系统能够用生存哲学指导其构建、运行和演化。企业生态系统，从经济学上讲，是一种经济共同体；从生态学上讲，是一种命运共同体。企业生态系统中具有多样化的生态物种，这些物种之间存在不同的价值层级，因此具有不同的组织目标。

一是企业生态系统中的组织个体目标。在企业生态系统内，功能单一的生态物种离开企业生态系统，是难以长期单独存活的，生态物种之间都直接或者间接地依赖其他物种而生存，并形成一种有规律的组织结构。生态系统外部的生态个体需要具有核心能力，才有资格进入企业生态系统内部，进而栖息于平台生态系统而成为平台成员，融入不同的价值链和价值网络中成为节点。因此，组织内生态物种自身目标是在生态系统中长久生存，也就要求它们充分利用用户多属特征而栖息于多个平台，利用自身模块化核心能力融入更多价值网络。

二是企业生态系统中的组织关系目标。平台领导与与平台成员存在相互依存关系，当平台生态系统的双边或多边用户数量突破规模经济临界点，能够激发平台网络效应时，平台组织才能继续生存。平台领导自身需要不断提升竞争力，其竞争体现在平台成员的用户黏度，因此平台领导不仅需要壮大用户数量规模，而且要提升用户质量。根据麦特卡夫定律（Metcaffe'sLaw），网络组织的价值与节点数量的平方成正比，企业生态系统中的网络需要不断增加网络节点。在模块化价值网络中，网络关系是动态的，网络节点面临着被迭代出去的竞争压力，而网主则面临着满足用户社群碎片化需求的压力。因此，平台生态系统、网络组织中的不同物种之间都存在内部合作、外部竞争关系，都有生存、发展与演化的组织目标。

三是企业生态系统中的生态整体目标。在企业生态系统中，组织成员和相关利益者、系统外部环境存在内在的信息流、物流和价值的联系，企业生态系统对外部环境具有动态的适应性，具有强大系统竞争力和生命力。由于企业生态系统具有完整的组织结构，内部成员之间按照一定的秩序交互和创造价值、传递价值，系统整体性是企业成员所不具备的，也是所有成员通过平台交易、网络协同之后所呈现的特征。企业生态系统面临竞争对手的跨界经营压力，使得用户社群整体规模增加、小规模社群增加，为满足新用户社群需求而创造新产品、新服务，实现企业生态系统成员数量增加，促进内部平台组织和网络组织的动态演进，进而实现整个生态系统的良性扩张和动态演进。

二、企业生态系统的结构特征

高度动态、不确定性的外部环境，对企业生态系统组织提出了新的要求。由于企业生态系统内部组成要素、内部结构和演进机理不同，呈现不同的组织特征，具体表现在以下方面：

（一）生态物种的能力做大、规模做小相结合

企业生态系统中的生态物种生存的前提是具有的核心能力，并专注于核心能力建设，实现能力最大化和规模最小化（李海舰、陈小勇，2011）。使得企业生态系统要想做大，首先把系统内部组织规模做小，做小就是建立具有核心能力的生态团队；要想企业生态系统做大，首先把系统主体架构做强，做强就是拥有吸引海量用户的核心能力。在企业生态系统内部，价值创造团队围绕用户社群需求建立具有经营灵活、反应迅速、高效交互的闭合价值链，用来动态组织匹配动态环境。虽然价值链每个节点都是有界的，但是价值链本身是动态、开放和迭代的，因此价值链和有其构成的价值网络是无边界的。企业生态系统组织本身是有边界的，而由于生态系统中的物种是动态变化的，因此企业生态系统整体具有动态的弹性边界。

（二）组织边界的内部外部、虚拟实体相融合

企业生态系统的本质是社会性的（Wattal.et al，2010），通过平台社区鼓励用户分享想法、促进讨论（Patel &Jasani，2010），增强了用户间的信任度（Vicente.et al，2013）。当用户参与产品价值创造，实现了用户与价值链的高效交互与融合，使得价值网络内部与外部用户融为一体（李海舰、王松，2009）。产品价值链构建过程也是组织模块化重组过程，即拆除企业内部组织之间沟通协作的资源、信息壁垒，实现企业内部组织打通；拆除不同企业组织之间的壁垒，企业之间通过实物流、信息流和资金流的连接，实现企业组织边界打通。企业内外部融为一体的前提，是组织具有标准的模块化界面规则，模块化组合过程是实体产品、实体

组织与虚拟规则的动态集成过程（苟昂，2005；徐宏玲等，2005）。这样，不仅在生态系统内配置优质资源，而且全世界范围内配置资源，不仅突破生态系统的边界，实现了产品实体集成与价值链集成同步完成，而且实现组织内外部资源互联互通。

（三）组织关系的市场产权机制相结合

与传统层级组织相比，企业生态系统把企业外部市场化、契约化的激励机制引入企业内部。内部关系契约化，在组织纵向关系上要弱化、减少甚至取消行政指挥权，而是以平等的市场关系驱动企业生态系统内部资源配置。在组织横向关系上，通过独立自主的经营实体之间市场化交互、组织间学习与沟通体系，形成能够自行运转的企业内部市场机制，进而激发组织的热情和动力来提高组织绩效（丹尼尔·平克，2014）。通过价值链、价值网的各个环节与用户直接互动，取消了价值链或价值网络的隐性层级（王钦，2015），然后在组织结构上需要把平台组织嵌入网络组织来实现，通过产权关系或战略联盟等网络关系实现生态系统平台与外部互补平台嫁接与包络，实现用户共享和组织共享，实现了产品价值关系、组织架构关系的市场与产权相互融合。

（四）不同组织单元之间分工协作相结合

企业生态系统中的每个生态物种既是栖息在平台生态系统中，又存在不同价值网络中；每个模块既有模块化的功能定位，又有整合独特价值链的能力（刘明宇、芮明杰，2012）。每个生态物种具有独立经营权、决策权和分配权，可以自主决策栖息于某个平台和通过竞争加入某个价值网络中，既可以独立完成节点模块任务，也可以加入网络共同完成任务（曹亮等，2008）。在企业生态系统中，每个生态物种根据自身在不同价值网络和平台生态中的定位，在网络组织中既可作为网主团队，又可作为节点企业团队，在平台生态系统中既可作为平台领导，也可作为平台成员，在企业生态系统中即以作为平台买方成员和卖方成员。因此，企业生态系统的成员在不同情境下定位不同、功能不同、角色不同，实现了组织单元之间的分工协作融为一体。

（五）企业生态系统内动态静态、虚拟现实相结合

在企业生态系统中，平台成员栖息在平台生态系统内是静态的，价值网络节点之间的关系也是静态的。而在企业生态系统中，以用户为中心的信息共享模式，能够通过用户族群迸发出更多的灵感、创意（Trimi&Galanxhi，2014），价值网络需要和用户社群在平台上进行高效交互。因此，当平台组织嵌入价值网络与用户社群网络中间，不仅提升了价值网络的动态迭代能力，而且由于平台成员规模提升和用户黏度提升进而提升了平台价值，最终实现企业生态系统内静态与动态融为一体。由于用户社群的需求碎片化，导致价值网络需要及时调整网络组织的经营目标、经营模式和经营策略，进而匹配用户潜在需求，与用户社群共同创造产品，是实现从产品功能设计、研发、生产到产品配送、安装和消费的全过程闭环，在整个过程中价值链上每个参与方不仅围绕自身任务自转，还要围绕用户他转，实现整个经营过程的自组织管理（周跃进等，2010）。而且，组织结构的扁平化和自下而上的决策方式，促进了供应链的线上线下一体化、组织内部外部一体化，加快了组织配置资源的响应速度（Hertogh.et al，2014）。

（六）企业生态系统具有有形无形、线上线下融合特征

在企业生态系统中，生态领导企业需要搭建多物种共生、共赢、共享的环境型组织，让生态团队能够在企业生态系统内通过众包、外包、内包建立价值网络，既满足企业生态系统中的海量用户需求，又能吸引企业生态系统外的用户加入，实现生态领导、平台领导"无为"与网主团队、节点团队"有为"相统一，实现产品与网络相融合、有形的组织架构与无形的价值网络互相融合。而且，在工业4.0环境下，企业生态系统的价值创造、价值传递和信息交流都在网络平台上，用户与企业之间已从B2C（实质上是生产主导消费）转向C2B（实质上是消费主导生产），通过用户交互平台、产品创造平台、产品销售平台、物流平台等平台，

促进各模块供应商之间的商流、物流、信息流和资金流传递，实现供应链的线上线下融合。

三、企业生态系统的主导架构

基于上文对企业生态系统组织定义、特征描述，企业生态系统是从传统的企业组织逐渐演化而来的，是适应工业 4.0 环境的新型组织形态。从企业生态系统的组织环境视角来看，它与科层组织、网络组织、平台组织之间均存在区别，组织规模呈现"多物种、小规模、大架构"特征，组织技术"模块化、平台化和网络化"，组织生存目标"天长地久"、管理目标"不知有之"，组织行为跨界经营。企业生态系统的组织结构特征体现不同维度的组织结构描述上，因此需要从局部和整体阐述企业生态系统的组织结构。

（一）企业生态系统的结构组成

基于仿生学视角，企业生态系统组织结构可从三种维度阐述：组分结构、空间结构和价值结构，每一个维度的组织结构都有自身内涵和特点。当然，每个维度的组织结构都描述了企业生态系统组织结构的一个方面，需要从不同视角才能全面了解企业生态系统的整体特征。

在企业生态系统的组分结构中，生态物种越丰富，个体数量越多，生态系统内部关系越复杂，彼此之间物质、能量循环的链条越长，生物之间关系越紧密。在企业生态系统的组分结构中，存在着生态领导、平台领导两类组织领导团队，网主团队、节点团队两类价值创造与传递两类生态物种。生态领导、平台领导、网主团队、节点团队在企业生态系统中的资源位不同，因此存在价值层级，而且四类团队的资源位从高到低，数量由少到多，因此彼此在企业生态系统中竞争地位也是从高到低。

在企业生态系统的空间结构中，存在横向结构和垂直结构。垂直结构是不同的平台生态系统相互连接，共同完成同一个交易过程，比如电商生态系统的存在搜索、展示、交流、购买、支付、物流、评价等完整的交易闭合环节。而每个环节都可以成为一个平台，进而发展出一个垂直型的企业生态系统。同样地，在组织的水平结构方向上，有的电商平台定位于中小企业交易场所，有的定位品牌企业交易场所，有的电商平台定位大宗商品交易平台等等，这些平台及其生态系统可以存在不同的企业生态系统，也可以在同一个企业生态系统中共生。

在企业生态系统的价值结构中，因为网络节点之间关系类型不同可以分为信息网络和价值网络，信息网络主要由不同节点的弱关系连接，价值网络主要由不同节点之间的强关系连接。因此信息网络存在于同类物种之间，或者没有捕食关系的不同物种之间，或者平台的同侧用户之间，信息网络仅仅是信息交换。而价值网络存在具有捕食关系的不同物种之间，或者平台不同侧用户之间，价值网络最终创造出新的产品或服务。网络关系不仅仅存在企业生态系统的用户之间，也存在不同平台之间。如果平台之间存在网络关系，那么企业生态系统内部存在边界，难以形成整体竞争力和实现组织整体目标。

（二）企业生态系统的结构关系

在传统哲学中，《道德经》的"阴阳"传统解释成一种气，即"阴气、阳气"，通过"冲"的过程，达到"和"的目的，共同推动事物发展（王希坤，2011）。本文认为道德经中的"阴阳"与"雌雄"、"无有"、"静动"相通。平台是有形的、静态的，以传递信息和价值为主，为"阳"。网络是无形的、动态的，以创造价值为主，为"阴"。因此，"万物负阴以抱阳，冲气以为和"体现了企业生态系统的组织结构的衔接关系。空间结构由平台内、平台间的关系构成，价值结构由不同团队、个体之间的网络关系构成，因而企业生态系统中的多样化物种均在由平台生态和网络组织中。因此，企业生态系统的组分结构、空间结构和价值结构是互联互通的，通过不同组织或个体之间的共创、共生、共荣、共享而浑然一体的，仅从一个方面难以全面描述企业生态系统组织结构。

企业生态系统的组织结构是在4.0工业环境下，通过多样化生态团队构筑空间结构和构建价值结构。平台功能决定了平台生态系统属性，平台之间的连接关系决定了企业生态系统的空间结构。从企业生态系统更广泛意义上讲，生态团队既是价值网络节点，又是平台成员。在不同的平台生态系统之间，作为系统集成商和规则设计商的价值网主通过不同产品零部件的模块供应商集成，而构造完成的产品价值链，向用户社群传递价值网络创造的价值和服务。同一模块供应商或系统集成商参与不同的产品价值链而构建成价值网络，进而实现整个生态系统的多层次连接。平台和网络之间相互嵌入，阴阳相冲、有无相生，既构造了以"平台 + 网络"型的价值创造型企业生态系统，又构造了"网络 + 平台"型价值传递型企业生态系统。虽然两种组织结构不同，但是都实现了企业生态系统内部新平台、新物种的产生、发展与进化，进而通过正向和反向反馈机制，促进企业生态系统的自组织运转。

第四节　企业生态系统的构建路径

企业生态系统组织构建，需要借用信息化工具，实现组织管理线上线下融合、虚拟实体融合，其路径分为两种：一是渐进性组织结构变革，就是在完善现有业务管理流程的基础上不断完善和发展企业组织结构，是现有组织结构的局部优化，通过这种"小步快跑"式迭代创新，使企业组织结构动态匹配外部环境。二是突破性组织结构变革，就是完全颠覆现有流程，是现有管理流程的根本性和方向性的变革，采取的是接近"一步到位"的颠覆式创新，使得企业组织直接与组织环境匹配。在实践中，选择持续性组织结构变革与持突破性组织结构变革中的哪种路径，需要结合企业面临的具体环境。

一、渐进性创新

渐进性创新是单一企业向企业生态系统演变过程的主要路径，它是企业通过多次流程再造与机构拆分来实现,组织拆分工具是模块化工具,要求每一次拆分后的基本组织单元都是模块化的生态团队。层级组织型企业从产品、业务和职能三个维度进行模块化。模块化组织是极致化分工与极致化合作的结果,促进了企业组织从传统的机械式组织向有机式组织、单一组织向生态系统组织的渐进性转变。

首先,组织的模块化是来自产品供应链的分工组合,企业实现了从层级组织结构到横向组织结构转变。产品模块化拆分首先是把产品分拆成部件,然后把部件拆分成区段、环节,直到出现分无可分,然后进行组合;合要合到极致,围绕不同区段、环节、部件组合成系统模块,再把模块归类为通用模块、专用模块,进而制定模块的界面联系规则和系统集成规则,形成基于产品供应链的模块化、闭合的产品供应链。这里,产品采取模块化研发生产方式,以适应市场需求的动态化和个性化。因此,组织结构可以通过流程再造从传统的机械式层级结构转变成有机式、模块化的横向组织结构。

其次,组织的模块化是来自企业价值链主要环节分工组合。产品分工组合不仅沿着产品分类,还要在产品供应链的各个区段上进行,即每一研发、制造、营销、营运区段都要进行再分工,分工分到极致,各个区段四分五裂,成为自主经营的企业实体,这些区段在世界化、网络化的商业体系中进行优化配置,追求产品成本最低和企业利润最大。此时,企业组织结构能够通过流程再造,从有机式的横向组织结构向网络组织结构转变。

再次,组织的模块化是来自企业价值链的辅助环节分工组合。通常来讲,辅助环节构成了企业的职能部分。而职能环节分工与经营环节分工类似,即在战略规划、人力资源、投资融资、财务会计等职能环节进行再分工,不同职能还可进一步细分到极致。每一个模块成为自负盈亏的经营实体,在市场中围绕经营模块组织的需求自动配置资源。此时,组织结构可以通过引入平台机制,从网络组织结构向企业生态系统组织结构转变。

二、突破性创新

组织结构突破性创新往往是新创企业优先采用的组织构建方式。当前，多数创业企业处于向平台型企业或网络型企业转型过程中。新创企业没有传统企业变革的内部阻力，具有从零开始的构建企业生态系统的基础条件。

首先，建立企业生态系统，是从建立平台生态系统开始。然后把具有互补功能的平台生态系统纵向连接起来，使得用户社群能够在企业生态系统内部参与完整的价值创造、价值传递的环节或者其中一个细分环节，进而实现企业生态系统纵向结构的闭环运转。

其次，构建完成单一纵结构的企业生态系统组织之后，再进行生态系统组织结构的横向扩展。企业生态系统具有较强的用户规模、用户黏度，并形成生态系统的竞争优势之后，可以通过横向连接搭建用户不同场景来构筑新型平台，实现用户侧范围经济的价值集成，实现企业生态系统的跨界经营。

最后，在企业生态系统中，不同的平台生态通过嫁接、共生和包络，实现用户共享和组织共享，平台生态系统之间构建了多种形式的、复杂的网络关系，进一步提高企业生态系统对环境的适应性。

在企业组织结构构建过程中，突破性创新相对于传统企业组织渐进性演化，近乎一步到位，而且不存在组织文化的适应性，只是对于企业生态系统管理团队的管控能力提出了较高要求。

第四章

企业生态系统组织关系

本章从企业生态系统组织内部、组织与环境、整体与个体视角，阐述了企业生态系统存在产品共创、组织共生、环境共荣和生态共享关系。从生存哲学视角实现了企业生态系统内不同组织单元之间、内部组织与环境之间的价值交换与新陈代谢关系。在企业生态系统中相关组织单元之间存在着捕食被食、利己利他、竞争合作关系。捕食被食是同一价值网络结构中的组织单元之间的关系，利己利他是同一生态种群中不同个体或不同生态种群之间的关系。企业生态系统的组织关系通过多样化的生态物种构成的空间结构关系和价值架构关系展开，进而说明企业生态系统具有更好的组织效率和组织效益。

第一节　产品共创关系

产品共创关系是企业生态系统中组织单元之间最主要的关系，也是价值结构在企业生态系统中具体体现。

一、产品共创机理

在企业生态系统中，存在海量模块化的产品创造与服务供应商，在产品价值链的不同环节上存在海量的业务模块或职能模块资源。企业生态系统中，平台生态是产品服务聚集、交易的场所，网络关系是价值创造与传递的场所，二者共同构成了价值创造、交换和传递的组织机制。企业生态系统具有资源集聚、市场交易机制，网络的规则制定、价值创造与传递的四大机制，是产品共创的虚拟基础。四大机制之间均有前后顺承关系，不断循环互动，实现产品功能迭代与升级。与此同时，产品共创过程，也是业务平台生态系统创立、完善与提升的过程，是企业生态系统纵向空间结构建立的过程（见图 4-1）。

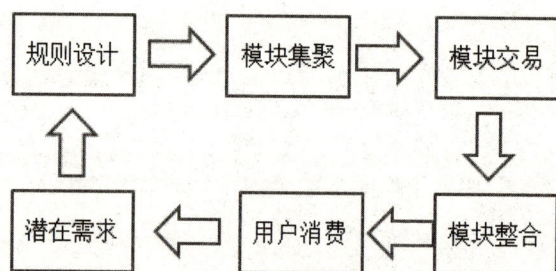

图 4-1　产品共创机制
资料来源：作者整理

　　规则设计机制是指在企业生态系统中，产品规则设计商根据用户对产品功能需求进行汇聚研发资源进行产品整体设计和模块界面规则设计，是不同的模块能够通过界面连接整合成产品系统，满足消费者对产品整体功能需求。

　　资源聚集机制是指在企业生态系统中，产品研制、制造模块集中在业务平台供给侧，大量网主团队集聚在平台需求侧，通过制定产品不同模块标准界面，进行产品模块化整合。在平台供给侧，随着同类模块增加，不仅产生了"背靠背"竞争，而且有利于网主团队对节点团队的选择。在平台需求侧，产品系统整合者根据用户需求通过调整产品功能，实现产品差异化定位，最终实现错位发展。

　　市场交易机制是指在企业生态系统中，平台周围的供需双方通过平台交易规则、信誉机制和担保机制等提供交易撮合服务，在开展信息交互的基础上完成价值转移交易，实现资源、信息和产品的供需均衡。从平台数据层来看，平台交易过程中留下供需双方的交易数据，成为企业生态系统的数据库重要组成部门，这些数据挖掘能够提升平台交易效率。

价值集成机制是指在企业生态系统中，产品或服务的系统集成商通过整合模块供应商，实现价值创造，而且产品的整体价值大于各个模块价值算术之和。在产品价值网络中，网主组织通过设计各个模块之间标准化界面，系统集成商通过模块标准化界面开展产品集成。在同一系统的不同模块之间，存在合作共赢关系，产品模块不断自我提升性能和功能自我优化，进而促进模块之间自动迭代和优化，促进模块与模块、模块与产品系统的紧密耦合能力，推动产品升级换代。

二、产品共创基础

作为无边界组织，企业生态系统首先实现了内部人才、技术、资金、管理和知识资源内部拆墙和联通，具备了企业内部资源使用的"不为所有、但为所用"，也具有了组织共享的基础特征。

一是资源全球化。内部资源联通，实现了企业生态系统内部资源无边界使用。信息化的交易手段，使得平台交易能够快速配置全球范围内各种资源，使得资源利用突破地理空间限制。平台交易规则能够公平对待交易双方，不仅减少了资源的展示成本，也减少了购买者搜寻成本，使得产品的资源具有长尾市场特征。在交易过程中，平台的担保机制降低了初始交易的信任成本。因此平台交易，能够减少资源交易成本，通过物流平台快速配置资源，最终实现资源利用的无边界。

二是用户内部化。用户与业务团队通过平台交互实现参与产品创造的体验。由于价值创造流程并行化和产品交易的前置，使得用户能够通过预售获得产品所有权，用户成为产品创造过程中最重要的利益相关方，因此用户参与产品研制、生产、配送全过程的设计、管理和监督，甚至参与产品服务、宣传和维护，最终提出产品升级创新的方向，实现了从产品消费向用户体验升级。

三是员工在线化。员工通过智能化制造实现了在线化生产服务。业务团队能够通过生态系统中人力资源平台聚集世界范围内一流的人力资源参与产品创造过程，实现团队成员之间沟通与合作突破时间、空间的限制，能够为了产品创造的共同目标贡献自身的智力资本，实现了团队建设不求所有，但求所用。小规模团队，有利于团队成员之间密切交互，实现知识学习与信息共享，并通过共同目标与愿景、价值观与经营理念等作用减少团队生产的监督、计量成本，进而促进生产效率的提升。

三、产品共创模式

传统企业采用有边界的经营思维，从内部视角看企业能力，就企业本身资源经营企业，经营重心在企业内部。现在，经营企业生态系统采用无边界思维，从外部视角看企业资源，跳出企业资源约束经营企业，经营重心在企业外部。究其原因，企业生态系统作为无边界的环境型组织，更多资源、更低成本、更大利润来自外部。在操作层面上，要企业运用创新精神去整合全球范围内分散的时间资源、知识和资金资源，实行产品众创、思想众智、业务众包。

产品众创，主要是指企业在社交平台上通过意见征集、互动交流等方式与用户群组进行交互，发掘用户潜在需求，进而转化为产品创意，形成产品创新方向，然后把用户需求在网络上征集产品设计方案，并与潜在用户进行反复沟通，形成产品最终创新方案，进而与模块制造商、产品营销模块等形成产品制造、预售和运输方案，众多参与者完成了从用户潜在需求发掘到用户需求满足的全过程。用户与业务团队通过共同建立价值网络，实现产品众创。

思想众智，主要是指业务团队把研发设计制造等环节的大量技术性或管理性难题放在网络平台（比如美国的创新中心网站等）上委托给网络上众多的知识型个人或开源的个体生产者，让全世界在不同地域和不同时区的人们与企业的员工共同提供解决方案。而众多的专业或业余科研工作者，根据自己能力选择不同的工作包进行攻关，攻关成功者获得企业合同及付款。思想全球众智也是企业把内部决策支持、技术支持外部化的重要表现形式，提高了科研效率和降低企业运营成本。目前思想众智在宝马、欧莱雅、亚马逊等企业有着成功而广泛的应用。

经营众包，是指业务团队把主要精力集中在核心能力建设上，把其他可以通过全球市场协作的工作包放在网络平台上，采取不定向委托方式分包出去，无论是企业或者个人，谁能满足企业的项目要求，谁就能够获得该项目合同，获得项目价值。经营众包，调动了分散在世界各地的闲置生产经营能力，把企业内部非关键工作外部化，企业能够节约了生产经营成本，实现了"小核心大协作"，内部成本外部化。

四、产品共创路径

社交平台同边效应蕴含着用户需求。单一用户无法形成个体生态，用户在社交平台聚集同侧，由于网络平台能够跨越空间、时间距离，通过共同的经历、兴趣、爱好等方面形成不同的社交圈子，进而构建水平型用户关系网络，形成品牌化用户社群，比如百度贴吧、Facebook、宝宝树等社交平台，平台成员通过即时沟通、贴吧留言等方式展示专业知识，进而具有网络社区知名度，成为网络大 V，对社群成员的意见具有较强的导向性。在社交平台的用户社群中，天然散乱的、存在不同方面、不同层次的潜在需求，需求没有被发现，也就无法集聚用户。碎片化需求转换成定制化产品，用户社群能够因为共同的需求而联系更加紧密，进而激发业务平台同边网络效应。

社交平台成员规模增加，激发跨边网络效应，吸引需求供给侧的生态团队增加。生态团队本身具有集成产品系统的核心能力，这种核心能力包括用户交互、设计集成、制造集成、营运集成等。生态团队通过与需求侧的潜在用户交流征求用户意见，尤其是用户领袖的意见，与用户交互成果能明确产品功能需求，可以作为产品的创意设计基础，而且随着用户需求的满足，可以升级用户需求。

用户交互平台与业务平台的嵌入关系是弱连接关系，由生态团队作为交互平台和业务团队的需求方连接起来。产品与服务的创意是用户社群潜在与生态团队集成能力交流互动的成果。单一用户潜在需求是碎片化的、通过社交平台的同边效应而连接起来，成为用户社群共同的具有长尾特征的潜在需求。潜在需求的，通过生态团队与用户社群的交流互动成为真实的产品功能需求。因此，产品可以通过功能需求在研发、设计、制造和营运，从单一消费者的碎片化需求变成现实的产品及服务，实现了产品创造。平台需求侧用户具有不同的需求，因此供给侧的生态团队需要错位发展、互补发展。由于用户存在多种需求，因此不同的生态团队通过差异化的满足用户需求，造成差异化发展，通过知识学习、数据分享实现业务合作，创造针对同一用户群的互补产品而非替代产品，实现针对同一用户的差异化发展，避免生态系统内同一物种无序竞争和同业竞争，进而共享用户资源。

第二节　组织共生关系

在当前高度复杂、动态变化的外部环境中，企业生态系统打破了封闭、单赢、零和博弈的经营理念，而是采取开放、共赢、正和博弈的经营理念。企业生态系统为生态团队提供驱动发展的业务型平台共生组织，需要把价值链各个环节的平台进行生态连接。从资源上讲要采取互补性资产、标准化的界面规则，采取模块化方式集成各个平台，把营销、研发、制造和营运平台连接成一个动态集成的平台共生系统。营销、研发、制造和营运等平台是共生组织单位。因为平台生态系统中，每一个平台都具有模块化特征，既能独立成为平台吸引双方交易，又能成为平台生态系统中的一个模块参与其中一个交易环节。

一、组织共生机理

在企业生态系统内,组织单元之间的行为是利他的,体现在资源分享、组织互动和组织进化等多个方面。组织共生需要从组织利他视角看待自身生存,从生态系统视角看待合作伙伴的生存,从企业生态系统的环境视角看待企业生存,进而明确企业生态系统内部不同物种之间的价值协同、互惠利他和环境融合机制。

首先,具有价值协同机制。企业生态系统每一个成员能够生存下来,首先具有自身核心能力,只有具备自身核心能力才能为用户创造价值,才能有自身的新陈代谢。每一个团队都必须与其他组织发生价值关系,无论是自身成为平台领导,还是栖息平台成为平台成员,或者成为网络组织的节点,才能在企业生态系统中生存发展。与其他组织成员发生联系的基础,是能够通过界面规则传递信息、资金或产品,进而促进组织界面规则标准化,建立长久的联络机制。这样,生态团队能够提升组织自身与其他组织的互动频率、互动质量和互动效益,促进协同效率和协同效益。

其次,具有互惠利他机制。在企业生态系统中,不同组织拥有的资源位势能不同,导致其对价值分配能力不同。从系统协同共生视角,高资源位组织需要考虑低资源位组织的生存状态,才是实现不同资源位组织的共生。尤其是作为高资源位的平台领导或者网主团队,不仅能够促进平台生态或网络关系互动,还要不因为自身资源位较高而侵占平台成员、节点团队的生存空间,也就造成自身与成员定位重叠。由于低资源位组织在租金分配谈判中处于劣势,这样就造成其成员资源位压缩,使得成员生态环境恶化,最终退出生态系统。因此,从企业生态系统视角,高资源位组织需要让分给低资源位组织更多的租金,从较长时间的角度来看,稳定的组织共生关系具有信用合作机制,能够降低组织之间的交易成本。

最后，具有环境融合机制。在社会经济环境生态系统中，企业生态系统与社会环境之间保持着人力、财务、物力和信息的双向流动。而且社会大生态系统中存在多个企业生态系统，不同企业生态系统之间存在用户资源、业务资源等方面具有不同的定位和获取能力，只有生态物种之间差异化发展才能彼此共生。企业生态系统之间因为定位不同而存在竞争、合作、联盟等关系，企业生态系统采取平台连接合作或者包络发展方式。因此，从开放视角看待企业生态系统，企业不仅需要具有良好的自我循环，还有与外部环境保持合作、竞争和交流，以可持续性地建立自身生态系统竞争优势。

二、组织共生基础

组织共生从组织结构视角分为基于组织空间结构的平台共生与基于价值结构的网路共生。本研究从不同的共生模式与平台、网络的共生关系，描述平台共生关系和网络共生关系。

平台共生是两个相互依赖而彼此独立的平台关系。平台共生是通过平台组织界面连接集成实现的，平台集成分为两种方式：一是显性集成，也就各个模块化平台开放界面规则，是生态团队完成产品系统集成与产品销售，实质上是平台组织的连接；二是隐性集成，也就是规则、标准、技术和知识等平台内容的连接。平台显性集成的前提是各个平台功能具有互补性，而且双方在产品或服务的价值链上具有前后秩序。营销平台、研发平台、制造平台和营运平台既是资源交易平台，又是交易双方的信息交互平台，这些平台主与平台成员共同组成了业务生态系统。平台隐性集成的基本要求各个具有标准化的界面规则，本质要求是基于任务的模块化数据库集成。平台隐性集成是指各个模块化平台之间信息、价值和知识的集成，需要平台之间能够采用共同的界面规则进行连接，内部信息具有规范化、标准化的数据形式，在各平台之间信息能够无障碍编码、传输、识别和转换。在企业生态系统中，四大类平台通过用户价值流程关系和企业价值流程关系而集成连接起来的。众聚平台是用户需求发起平台，众创平台是用户价值创造及传递平台，众扶平台是价值创造团队的资源支持和管理驱动平台，众享平台是所有团队的日常运营环境平台。

在企业生态系统中，在平台生态系统之间存在水平网络、垂直网络等不同类型的网络关系。在网络组织中，共生组织单元通过标准化共生界面联系，网络关系运行的基础是基于制度的信任环境下节点团队之间存在信任机制。在相同用户网络中，某些用户具有良好的、公开的信誉，也就拥有越来越多的同类连接。同样地在价值网络中，某个模块组织具有良好的信誉，被网主吸引进价值网络的机会就越多。作为功能型平台，被其他互补平台连接成为构建不同的纵向组织结构机会越大，个体价值也越大，一旦平台通过扩展功能能够吸引更多用户，必然促进新一轮的价值创造与传递。增强该平台与其他功能平台的共生关系，也促进网络组织的协同能力和协同价值。因此从企业生态系统中的平台生态系统台本身具有互惠共生关系，而且从不同平台成员中构建的网络关系，也通过信任机制建立共生关系。因此，网络共生关系，解决了企业生态系统中海量生态物种之间实现组织共享的信任基础。

三、组织共生模式

组织共生关系分类主要包括相同种类组织间的共生、不同种类组织之间的共生。同种组织之间共生包括生态团队共生和平台领导共生，不同种类组织之间共生包括生态领导与生态团队之间、平台领导与平台成员之间、网主团队与节点团队之间的共生关系。

（一）平台共生模式

平台共生系统是众多模块化平台显性集成和隐性集成的生态结合。平台共生可以分为连续共生和一体化共生，连续共生方式往往采取平台包络，一体化共生方式包括平台包络和平台联盟。平台包络是平台动态演化的重要形式，它能将不同区域、不同主题和不同产权背景的平台组织联合起来，实现功能互补和资源共享，同时也解决平台生态中的有序增长，避免了平台间的无序竞争。平台联盟与企业战略联盟类似，往往以制定共同标准、共同定价和限制产量等，对联盟平台进行保护，形成行业壁垒。经过平台包络和平台联盟而形成的纵向结构或横向结构的企业生态系统，企业生态系统保留原有平台的基因和功能，运作模式和盈利模式等而独立存在。由于原有平台是模块化平台，因此平台模块化组合后企业生态系统的功能超过了原有各个平台生态系统的功能之和，实现了 1+1>2 的协同效应。

在企业生态系统发展初期中，纵向结构的平台生态之间互相连接，彼此关系并密切。每个平台与其功能子平台之间，既是具有业务协作关系，又具有共生关系。在用户交互平台中，具有不同的形式，比如新浪微博、百度贴吧、微信等等，通过不断地延伸平台功能，产生新平台或连接新平台，成为一个功能完善的，关系闭环的平台生态系统。在业务平台生态中，营销平台、研发平台、制造平台和营运平台之间存在间断共生关系，主要因为有些生态系统没有产品创造和服务创新功能，仅仅专注于某一功能环节，比如电商平台生态，微商平台生态等。创业孵化平台在不同类型生态系统中的共生关系也不相同，有些创业孵化平台仅仅是提供营销策划或者融资功能，并没有管理孵化功能，比如阿里巴巴的支付宝，人力资源方面的猎聘网平台。团队运营平台作为企业生态系统内部日常运营平台，是每个生态团队的信息化、数据化工作环境平台，可以和不同的平台生态连接成为企业生态系统，是连续共生关系。

（二）网络共生模式

垂直型价值网络关系来源于一体化的传统供应链模块化整合。在网络关系中，网主团队与节点团队之间是动态连续协同关系，通过价值生成机制、信任机制和价值分配机制的建立完善，不断调整模块之间的界面规则，促进共生关系的稳定发展。网络共生系统需要各个参与模块能够彼此之间生态协同。企业生态系统不仅仅关注整网络体协同创造价值最大化，也关注各个节点团队自身价值最大化。模块组织在共生系统内参与业务频率越高、信息和价值量越大，与网络共生系统融合度就越高，网主团队的协同能力越来越高，网络关系不断地从间断共生走向连续共生（袁纯清，1998）。由于网络组织中的现有模块通常具有"瞬时"竞争优势，而且同潜在合作存在"背靠背"竞争关系，尽管网络组织倾向于长期合作，但难以形成一体化共生关系。因此，网主团队更多地从价值分配角度，各个网络节点整体价值分配规模越来越高，分配比例越来越趋于合理。

水平型网络关系主要是平等主体之间的交流。网络共生模式往往是点状共生或者间断共生关系。各个节点之间的关系与彼此紧密程度、联络渠道、共同爱好和工作范围等密切相关。从网络组织的结构洞理论来讲，如果网络节点周围结构越多，网络节点重要性越大，那么该节点与其他网络节点互动频率越高，就从点状共生关系走向间断共生，甚至连续共生关系（Pagan，2013）。

（三）团队共生模式

生态系统中的团队，往往栖息于平台周边或者参与网络关系整合。因此而同类团队存在竞争关系。由于在模块化网络组织和平台生态系统都中存在"赢者通吃"的颠覆性创新，因此同类团队的生存存在高度竞争关系，要么寡头独占，要么淘汰出局（Cinzia Battistellaetal，2013）。因此，同类平台生态或者价值网络之间如果存在用户需求重叠，必然通过竞争性实施自然淘汰，比如退出某个用户群体，或者取消产品的某个功能，最终实现生差异化发展。在不同的功能模块之间，本身存在者差异化定位，因此二者通过共生关系创造新产品或服务，能够不断满足用户的需求。团队之间的定位差异化与企业生态系统的用户规模、用户类型密切相关，海量的用户规模可以容纳更多的同类团队生存。

四、组织共生路径

多样化的生态物种在企业生态系统中通过网络连接而共生发展，在外部通过平台集聚、平台包络和连接吸引外部用户和资源入驻生态系统，最终实现内部共生与外部共生统一。

（一）内部共生路径

企业生态系统内的组织共生特征是有限开放、生态协同。由于在不同平台生态之间存在功能互补，因此平台的模块化特征是边界开放性，平台开放程度体现在其界面规则上，同时针对联盟的外部互补性平台进行更多的连接上，界面规则的开放程度要根据企业生态系统的平台规则来制定，和潜在接入平台对现有平台的冲击程度相关，还要评估现有平台重新分裂后，平台领导因平台成员多属而导致平台生态的成员流失情况。比如京东商城的支付系统就是不会把阿里巴巴的支付宝平台连接进来，但是可以把银联、微信支付系统连接进来。因此在生态系统中，内部共生前提生态位分离，实现错位发展。

组织共生使得企业生态系统整体实现多种共生模式，成为命运共同体。外部动态环境对平台共生系统从连续共生走向一体化共生产生诱导机制，一体化共生是企业生态系统内部的高度协同。共生动力机制通过网络协同作用在平台之间界面规则从差异界面、走向相似界面、优化界面，最终走向模块化共生界面，其过程是平台之间围绕着系统集成规则的不断优化、不断兼容，减少平台差异性、互斥性，增加平台之间的友好性、相似性。同时也是平台阻尼特征不断降低，协同关系不断地磨合、最终形成自身知识体系，形成企业生态系统的数据库体系。

（二）外部共生路径

企业生态系统与其他企业生态系统存在竞争、互补和独立关系。企业生态系统拓展内部资源和规模的工具是平台连接和平台包络，企业生态系统通过建立联盟或者并购互补平台实现资源共享，进一步扩大企业生态系统在社会生态中的资源垄断地位。针对用户新需求和现有需求的提升,可以发展企业生态系统新的功能平台,进而引入新的平台生态系统,通过企业生态系统内部的网络关系延伸,实现资源的吸引聚集、平台生态系统包络和企业组织重构。

企业生态系统与社会生态系统是一种被包含与包含关系,因此企业生态系统要通过资源、信息和价值交换,融入社会生态系统的新陈代谢循环,真如一滴水放入大海才不会干涸一样,企业生态系统要根据社会生态系统动态变化而调整内部平台、网络关系,最终实现企业与社会动态联动与动态平衡,实现企业生态系统的可持续发展。

第三节　环境共荣关系

企业生态系统的共荣机制不仅包括企业内部循环与组织形态进化,而且又把企业生态系统融入社会生态系统;不仅实现从经营社会视角经营企业生态系统,还要实现企业生态系统与社会环境的与良性发展循环。

一、环境共荣机理

《道德经》指出"天长地久"是一种生态系统的生存演变哲学,并提出了天长地久的一个路径:天地所以长久者,以其不自生,故能长生。由于企业生态系统是一种多生命体组织,因此生态物种的某些个体生生死死属于生态系统内部新陈代谢的一部分,也是生态系统从低级阶段向高级阶段进化的一个必经阶段。

企业生态系统目标是"天长地久",也就是追求进化中的组织结构可持续生存,这不仅要求生态系统有可持续的盈利来源,而且要求生态系统在组织结构和运行机制上能够让生态团队等关键组织盈利发展,一般业务团队或服务团队组织群体能够持续发展,进而有利于平台构筑与包络、网络构建与连接、团队创立与成长。在企业生态系统内部,不同生态物种之间存在以利他合作为基础的竞争能力打造，企业生态系统与外部的生态系统组织存在竞争、合作关系。因此，企业生态系统具有自身核心能力，才能在社会、经济生态系统中持续生存与演化。

企业生态系统的持续生存，主要从以下方面实现：一是持续打造提升自身核心能力；二是企业生态系统内部成员之间是利他合作关系、合作竞争关系，而非完全竞争、竞争合作关系；三是企业生态系统是社会生态系统中的一员，企业生态系统通过与社会生态系统对接，并为此做贡献损自身有余而补社会不足。因此打造核心竞争是生态系统长久生存的前提，组织内容成员之间利而不害是关键，资源与利益分配"损有余而补不足"是保障。

二、环境共荣基础

《道德经》指出："知足不辱，知止不殆，可以长久。"企业生态系统和其内部的成员都需要打造自身核心能力，然而每个组织的核心能力也都存在能力边界，过多扩展的能力边界不仅难以持续巩固、提升核心能力，而且会分散资源，甚至进入其他成员生存空间、生存时间，进而与其定位交叉重叠，甚至导致一家独大而过多占有资源，必然某些必须生命体的弱小，最终损害整个生态系统。在知足知止的原则下建立生态系统的核心能力，有助于提升企业生态系统的竞争优势，进而实现生态系统的可持续发展。企业生态系统核心能力建设在于三个方面：平台核心能力、网络核心能力和生态团队核心能力建设。

（一）团队能力建设

企业生态系统的治理根基在于团队治理。如果团队治理得好而且环境搭建完成，企业生态系统也就能够实现长久生存。在企业生态系统中，把生态团队内部作为黑箱，也可以通过生态团队内部自我管理和团队外部的治理机制实现团队建设。企业生态系统参与团队核心能力建设有两种：一是参与团队内部组织机制建设，比如成员之间选择制度（不同团队之间的成员类型、数量等）、内部议事制度、内部利益分享制度，但是并不参与内部日常管理，团队成员具有团队业务的决策权、经营权和分配权，但是这些经营决策过程反映在内部管理平台中，可以作为外部对团队发展潜力的一个判断；二是参与团队治理，即根据团队目标和实际完成情况，确定生态系统给予的资源配置，包括人力、培训、投资等，进而确定团队成员与生态领导的业务持股比例，能够实现团队与生态系统之间的价值共享。

（二）平台能力建设

平台组织的作用主要是为了吸引聚集用户群体和生态团队增加，形成规模经济。如果构造企业生态系统空间组织结构的平台生态不完善或者其内部各个平台之间连接界面标准不统一，根本不可能聚集用户，提供优质产品，进而壮大用户规模，不断循环往复呈上升趋势。而且就生态系统内的多个业务群体而言，群体内部成员规模数量是生态系统生存的基础，只有这样才能激发平台的同边或跨边网络效应，而且在平台生态与平台生态之间、平台领导与平台成员之间，需要基于共同利益的利他协同迭代进行。每个企业生态系统都是针对价值交流或价值创造的某一个环节，通过平台服务功能而扩大细分业务，进而建立自身生态系统，而不是盲目追求覆盖所有研发、生产、销售和服务领域的、大而全的生态系统规模。

（三）网络能力建设

网络组织的作用主要是为了通过连接资源、协同组织而创造系统价值。平台组织需要通过制定组织之间的模块分拆规则、界面联系规则和模块集成规则，而把模块化生态团队内部看成企业"黑箱"。网络组织核心能力主要在于创造整体价值的大小和创造产品、服务效率的高低。通过网络组织内部通过模块选择时的"背对背"竞争、模块整合时的"面对面"合作，模块内部、模块之间和系统整体的性能提升与产品迭代更新。网络组织不仅仅是存在产品与服务的价值创造领域，还存用户、产品的个体生态之间。个体生态之间的网络核心能力不仅通过节点对外连接数量和每个连接的联系频率来体现,还通过每个节点的结构洞数量来体现。因此,网络组织的建设,需要增加模块团队或网络节点对外连接,促进每个节点与不同网络之间的紧密耦合。网络组织建设也有能力建设边界,网络组织作为一种自组织机制,主要在于组织之间的连接、协同与治理,而不去干涉网络节点内部的运营管理。

三、环境共荣模式

企业生态系统的生存目标是内部生态物种能够和谐生存与共同进化,在企业生态系统的运行演化中,最基本的要求是组织之间彼此能够互惠利他,也就是在同种类型的生态团队中能够亲缘性利他、不同类型生态团队之间能够互惠性利他、企业生态系统与社会环境的纯粹利他,让每个生态物种都有内部生存空间和外部的生存环境。因此,企业生态系统之间的利他共荣方式通过以下方式:基于组分结构的环境共荣、基于空间结构的环境共荣和基于价值结构的环境共荣。

(一)团队共荣方式

在企业生态系统中,生态团队是价值创造来源,用户社群是整个价值网络的来源。企业生态系统中的业务团队或服务团队有两个来源:一是来自原有企业模块化,这些团队本来具有仅为简单的组织和核心能力,已经能够在企业生态系统中生存,这些团队刚开始具有标准化、模块化功能,然而运转还不够顺畅,需要经过一段时间的磨合,在网络和平台中,逐渐稳定自身核心能力定位,孵化型团队变成细胞型团队。二是来自生态系统外部的组织,通过平台或者网络而进入生态系统内部,这类组织本身是大而全的,然而经过与其他网络组织的整合之后,外部组织会逐渐通过功能范围瘦身回归核心功能,比如企业基础服务完全使用生态系统中的平台,把企业制度建设融入创业孵化平台等等,最终把自身完全融入企业生态系统内部,成为一个细胞型团队组织。

　　企业生态系统作为多生命体的自组织系统，企业生态系统组织需要与环境和谐共荣。多生命体的自组织系统不仅是其中一个生态团队发展，还要所有生态团队完成发展。企业生态系统的组织结构层次可以分为单一团队层、业务种群层、生态环境层和生态系统层等四个层级。显然，生态系统组织层级更加关注系统内部，而在整个生态系统层面是宏观政治、经济、技术和社会环境选择和竞争的结果，在组织内部的生态发展过程是内部组织创新、组织选择与组织协同的结果。企业生态系统的组织发展主要从内部组织创新和组织协同分析组织之间的共同繁荣机制。在企业生态系统的利他合作共荣研究中，企业生态系统作为多生命体的自组织系统，研究的视角更加关注生态系统内部的组织惯例、组织利他、组织结构等。因为，企业生态系统内部具有不同功能的生命体之间的协同不是传统的淘汰竞争，而是利他合作。而且，生物物种之间存在的三种利他行为：亲缘利他、互惠利他和纯粹利他行为，都是在企业生态系统中不同生态团队之间出现，从而使得企业组织生态进化从竞争关系转向利他、协同、合作关系。

　　（二）平台共荣方式

　　基于平台生态系统的共荣关系，既包括平台与成员的共荣关系，也包括不同平台生态系统之间的利他共荣关系。

　　平台与栖息成员的利他分析。企业生态系统中的平台是实体化的交易市场。平台进化是平台根据内外部市场情况作出调整，以不同的形式发展变化的过程（徐晋，2013）。在企业生态系统中，平台作为一个生命体，为栖息在平台的交易参与者提供交易场所，平台的商业模式创新方式较多，其中最为重要的免费商业模式本身就是一种组织利他行为。在商业模式上，平台免费的模式有很多类别，一是包括"交叉补贴"的模式，符合产品定价关系中的"损有余而补不足"利他行为；二是"三方市场"的模式，属于"不自生而长生"的利他行为；三是"版本划分"的模式，属于"利而不害"的；四是 "数据服务"的模式，属于"有无相生"持续创新的利他行为。

平台之间的利他共荣关系从初级到高级阶段分别是平台寄生、平台共生和平台衍生（徐晋，2013）。平台之间共同发展繁荣不是单一平台能够完成，而是通过平台与平台之间股权关系、市场关系和社会关系而完成。在平台寄生阶段，是母平台对子平台的孵化与培养，属于"损有余而补不足"的纯粹利他行为。在平台共生阶段，是两个平台相互影响而共同生存，属于"利而不害"的互惠利他行为。在平台衍生阶段，此过程中，无论是平台功能跃迁还是平台裂变，都是平台为平台交易成员的利他行为不断升级，这既是一种职业性利他行为，又是集体利他行为。平台共荣关系的发展要持续不断地通过调整组织来调整商业模式。

（三）网络共荣方式

组织界面本质上是为协调组织之间的分工需求和协作矛盾，进而提高组织间关系效能的制度化、标准化的规则。组织界面的二元关系又分为形式面和执行面。网络组织发展从主体上讲是组织界面规则的进化，也是网络组织中网主与节点的协作、沟通与整合控制的升级，是多数行动者互动的结果。

网络组织分为网主团队和节点团队，在网络组织中每个组织成员通过网络关系传递信息流、资金流和实物流。网络成员之间的合作不仅要考虑自身利益最大化，还要考虑其他成员的利益，更不会损害其他网络成员的利益。网络成员之间的关系主要是市场关系、契约关系，以及以业务关系而形成的业务联盟。基于网络生存的共同目标，网络中各个参与方是共生共赢关系，彼此更多的是合作而非竞争，至少以合作为基础的竞争，也是共同生存发展的命运共同体。针对产品网络而言，随着技术进步产品网络要么自我升级，要么被其他网络所覆盖，针对产业制造网络要么自我搭建，要么被其他产品网络所肢解，因此企业生态系统中每一个的网主和节点都存在利他动机、利他策略和利他行为。

网络组织利他行为可以分为价值链利他和价值网络利他。在业务生态链上，从产品设计、生产、营销、运营和服务等价值链上的不同环节，系统集成组织与业务生态链上的成员由于利益冲突必然产生竞争，同时由于共同生存发展需要，必须合作才能满足用户需求，这种基于合作的竞争市场关系促进了组织的共生、利他进化。生态系统的价值网络由不同组织构成，类似小型的企业生态系统，他们之间是更互惠的社会关系、股权关系，尤其是交叉持股、股权联盟等多种股权关系，不仅加强了企业生态系统的紧密性，而且通过生态网络而共享核心资源，不仅打造自身的优势地位，更为重要的是打造整个生态网络的协同竞争优势，进而形成整个企业生态系统的生态利他竞争力。因此，网络的利他合作与竞争关系是网络利他、共享的基础，可以演化成类似免费等更多样化的商业模式。

四、环境共荣路径

企业生态系统作为社会生态系统的一员，通过团队、平台和网络等组织机制从社会整合资源，实现局部和整体运营成本降低、局部和整体盈利能力增加，使得企业生态系统呈现良性发展循环。企业生态系统通过经营社会资源加入了社会生态系统的新陈代谢、能量交换，与社会生态系统融为一体，实现了无边界发展（李海舰、郭树民，2008）。与此同时，企业生态系统需要把自身收益和优势资源回馈社会，看似纯粹利他行为，实则通过贡献社会生态系统，巩固乃至提升了企业生态系统在社会中的地位，实现了从组织个体单赢，企业生态系统共赢，走向社会共荣，实现经济发展与社会发展良性统一。从单赢到共荣的过程需要企业生态系统建立创新的共荣路径，一是把生态内部资源应用到生态系统外部，二是把内部组织关系延伸到系统外部，三是把内部动态经营与外部动态经营连接，实现经营融合。

企业生态系统将内部资源应用外部，也就是在外部更大范围内配置资源，同时实现了外部资源的内部化，突破生态系统内外部资源、技术和人才等实体边界。内部资源的外部应用可以采取有形资源的无形化和无形能力的有形化两种方式。比如通过参与外部慈善事业，不仅是一种对企业社会责任的宣传，还是塑造了社会大众对企业生态系统新的认知和形象。通过对外技术支持，能够在生态系统内部技术应用拓展，进而拓展生态系统内对用户的服务范围，促进内部能力发掘，增加用户对生态系统的黏性。

企业生态系统可以通过平台组织包络、网络组织连接两种方式，实现内部组织与外部的连接。两种组织都是企业生态系统的无形资产，具有边际为零，边际收益递增的规律，属于无边界的经营方式。通过内部与外部连接，可以运用良好的公共关系和品牌效益，通过战略联盟、资本运作等方式对接外部生态系统，实现企业生态系统之间的连接、资源整合，建立和完善各自的竞争优势。

企业生态系统内部是不断动态发展的，具有生态系统的新陈代谢和系统平衡机制。企业生态系统将平台生态的自身资源、自身组织与外部连接之后，对外部输出资源、技术与管理，也是把外部资源吸引到生态系统内部。从经营企业生态系统变成经营社会生态系统，建立了企业良好的社会责任，把企业资源的有形资产变成企业的无形资产、价值集成能力和跨界经营能力，实现了"从有到无"。随着企业经营社会的能力影响范围扩大，从而吸引更多的人力、资金和技术资源进入企业生态系统，促进企业生态系统内的资源扩大和能力提升，实现了"从无到有"。这样就把经营企业生态系统提升到经营社会生态系统的高度,周而复始,实现了企业内部循环与社会外不循环的融合，也就是"有无相生"。

第四节　生态共享关系

青木昌彦（2003）认为模块是半自律的子系统，通过和其他模块按照界面规则相互联系而形成更加复杂的系统。企业生态系统最基础的组织要素就是模块化产品和模块化组织，模块组织以生态团队形态存在，它具有自我管理、自我激励、自我协调能力，是一个自组织系统。企业生态系统作为共享型组织，最终目标是实现组织内部资源和能力被需求方共享，也就是存在生态共享关系。

一、生态共享机制

企业模块化分解与组合过程，也是企业生态系统构造过程，它包括定义模块的规模与功能、设计模块界面规则和集成规则、协调模块之间的关系使系统整体具有竞争力。生态系统的共享，就是把企业生态系统内的模块化的个体生态系统、业务生态系统和职能生态系统中的个体或整体作为共享对象。这种模块共享，其内容包括权力共享、价值共享与利益共享三个方面。生态共享机制也就是包括模块整合中如何分享共享规则制定权、模块协调权和系统价值的共享。生态共享机制的建立能够节约组织的协调成本和治理成本，促进产品快速迭代和更新，因此生态共享机制是企业生态系统整体和生态物种之间的利他行为。

权力共享首先是规则制定权的共享。通常而言，网主组织定义模块的功能与功能，定义模块规则，然而在模块产品研发与模块组织的演变过程，共同的界面规则也需要演变，而模块制造商出于对模块系统的判断，提出模块与模块、模块与系统产品之间的界面规则修订建议，而且模块制造商与系统集成商之间具有共同的目标，即共同满足用户需求，因此网主团队可以赋予模块制造商不拥有模块自身的优化权力，还有拥有部分模块接口制定权，只要修订后的模块界面规则能够标准化而且实现模块化网络组织内共享即可。这样，不仅减少自身的工作内容，而且能够调动模块制造商的积极性，形成模块之间的信息共享。

权力共享也包括模块之间的协调权。通常情况下，系统集成商具有不同模块之间的协同权力，然而网络组织作为一种自组织机制，在内部模块两两之间关系出现冲突时，最优的方式是基于共同目标的内部自我协调而达成一致意见。由于模块化组织之间以市场化的契约为主导，由于契约不完全性，导致出现新问题并超出双方约定范围。赋予平等主体之间的自我协商权利，有助于增强双方对组织的归属感。

价值共享是模块化组织间的目标。模块化组织之间的价值分配是采取组织租金分配方式，由于网络之间组织的各个节点定位不同，网络租金随着成员资源位悬殊度提高而均等性下降（孙凤娥，2013）。由于平台组织作为网络组织的一种，在利他性网络组织中，从组织共生视角来看，网主或者平台领导不仅要靠考虑自身利益的最大化，还要考虑合作伙伴的利益，而生态领导不仅要考虑企业生态系统利益，还要考虑生态物种整体的共荣共享。因此，生态领导、平台领导和网主团队在内部价值分配时，在内部获取较少的租金份额，使得生态物种能够低成本甚至零成本地使用生态系统内各类网络组织和平台生态。

二、生态共享基础

生态共享基本特征包括需求方能够低成本或者零成本使用产品或者组织资源，同时相对较高收益地出售现有商品和服务，实现共享经济。产生共享的前提是被享产品和被享组织具有公共品的特征，一是使用的非竞争性，二是受益上的非排他性，三是生态系统中的各物种注重资源的使用权而非所有权，四是企业生态系统的组织机制保证生态物质之间的交互关系是以显性"声誉"作为信任为基础的。

第一，组织要素具有使用时的非竞争性。无论是产品还是组织都要具有标准化界面，方便其他产品或组织的开放、连接和交流。组织的开放连接性，使得不同的组织能够通过通用界面规则连接，进行信息和物流的传递，比如平台之间通过包络行为，能够使原有不同平台的成员共享新平台带来的资源。而且产品的结构化特征使得产品系统能够增加应用软件，进而开发出用户的潜在需求，比如手机上的各种APP（应用软件），每一个 APP 都对应着用户一个新的需求，这些需求都具有连接能力，可以通过这个软件连接到新的用户，使得每一个 APP 都成为一个平台，实现了海量用户的产品共享。

第二，组织要素具有受益时的非排他性。模块化组织通过标准化界面规则，能够实现模块与模块之间，模块与系统整体之间的信息共享、知识共享，这些信息交流无论是在平台关系中不同组织之间的交易，还是作为产品平台之间的信息交流都是双向畅通无阻的，而不是单方向的信息传导与接收。

第三，组织要素具有享有和被享有的双重属性。用户能够构筑网络成为网络的主要节点，构筑平台成为平台的管理者。因此，用户本身能够分享其他用户构筑而成的平台和网络，同时又作为平台生态和网络组织一员被其他用户分享。生态团队作为企业生态系统重要成员，既可以成为某一产品价值网络组织的节点成员，又是其他网络组织中能够集成团队价值的网主成员；既可以作为一个平台领导，又可以成为其他平台的栖息成员。因此生态团队本身既是组织共享的供给方，又是需求方。

第四，组织内部各个成员在企业生态系统的平台上具有共享的显性"声誉"。平台本身能够显示生态物种的各项活动记录的评价"声誉"，通过不同平台之间的信息共享实现了各个物种的显性"声誉"的集成化，能够还原生态物种的生活场景，进而为成员之间开展网络化合作与交易积累了信誉基础。一旦企业生态系统中不同成员具有显性化的"声誉"作为交易担保，也降低了双方交易的信任成本。

因此，生态共享基础是生态物种和组织单元的模块化，声誉的显性化，产品具有模块化和组织具有模块化特征，正是因为模块化才能使得产品之间、组织之间都能相互连接，成为既能分享又能被享的组织要素。

三、生态共享方式

生态系统共享模式包括产品架构共享和组织架构共享，产品架构共享是基于通过产品构筑平台和构建网络的功能共享，组织架构共享是基于平台和网络的关系共享。生态共享的关系既包括产品模块化共享，也包括组织模块化共享；既包括产品价值网络经营，也包括产业间跨界经营。

（一）产品模块化共享

产品共享的前提是产品功能化、功能模块化和模块职能化。产品功能化是指产品由实体功能部分和附加功能部分。功能模块化是指产品不同功能单元与产品实体之间具有模块化的标准界面，去掉该功能单元并不影响产品整体性能。模块智能化是指产品功能模块具有智慧连接功能，通过该功能模块使用户能够连接到新的用户网络，增加了用户对外连接通道和连接数量。

产品架构共享首先是产品基本功能的共享。构筑产品平台就是借助于产品基本功能的结构化。在滴滴顺风车 APP 出现之前，白领有车一族通常开着上下班，而车内空置较多座位，成为出行的沉没成本。滴滴顺风车 APP 之后，普通用户可以通过发布行程需求，驾驶员可以根据自己的路线和时间安排选择出租一个或者多个座位，仅仅增加较少的燃油成本和时间成本，而获得较多的车费收益。而乘车者则付出较少的费用，获得相同的乘车服务，而且能够与驾驶员进行良好的路途交流互动。

产品架构共享其次是产品功能模块的共享。构建产品网络就是借助产品功能的智能化，实现产品之间的联网互动，以产品为依托构建了产品与用户连通网络，实现了基于产品模块的产品实体共享。比如汽车安装了车载导航功能模块，通过对海量汽车移动定位能够及时反映用户出行的路况信息，给用户推荐出行距离最短、用时最短和拥堵路段最短等各种选择，用户根据推荐路线行车，能够得到行车速度、限速提示和行驶方向提示等智能化语音提示，方便了司机驾驶体验。

（二）组织模块化共享

企业生态系统的组织结构包括模块化的生态团队、平台生态和网络组织。生态团队作为创造价值的实体组织，平台领导是生态团队的交易场所，网络组织是生态团队之间信息联通、价值创造的联系机制。

模块化生态团队作为创造产品或者创造服务的功能单位，具有标准的组织界面，通过栖息在平台，通过平台界面连接实现信息交流。在价值创造环节，节点团队通过与网主团队，成为模块化网络组织，实现信息和价值共享。

模块化平台生态是企业生态系统中不同功能平台具有的特征，不同功能平台通过标准界面连接成为新平台，实现了多个平台包络，共享了平台成员，实现了生态系统生态物种规模的增加，而且也实现了同一用户在生态系统内部多属特征。

模块化网络是指网络关系中的不同模块连接成的组织形态。在模块化网络中，不同模块组织通过信息交互、知识学习和规则演化，不仅实现节点团队与网主团队的利益共享，而且通过契约关系的互动，最终建立组织之间的关系契约。

四、生态共享路径

在企业生态系统内实现生态共享模式，一是要让用户享受基础的免费服务和免费产品，进而聚集更多的用户规模，实现用户规模效应。二是要让团队要能够免费使用生态系统的组织架构，能够吸引更多的企业组织入驻生态系统，促进生态系统的自我循环、自我更新和自我进化。产品免费共享是生态系统用户规模壮大的基础，组织免费共享是生态系统内团队数量壮大的前提。

（一）产品使用免费

当前，商品免费使用成为主导商业模式，不是因为商品本身的制造成本、交易成本为零，而是企业采取了新的盈利模式。一是产品使用记录的数据化，使得企业用户群体使用免费商品过程自动生成数据库，数据库包含了不同消费者的基本特征：年龄、职业、生活和消费习惯等等，成为众多业务团队发掘用户需求的矿藏，数据库本身可以出售盈利。二是产品智能化，使得免费商品能够连接更多用户，建立不同需求特征的用户群组，围绕自然分类的用户群就可以开发更多的需求，而且由于用户对产品黏性增加，导致新需求而产生的产品价格能够弥补免费商品的成本。产品的社会共创模式，极大地降低了产品各种成本，进而降低产品价格。而且在共享经济时代，用户更注重产品的使用权而非所有权，网络平台使得产品的边际使用成本接近于零。尤其是，在生活必需品领域，比如乘车、餐饮等，导致同等服务质量的商品和服务，其价格远远低于同类商品，直接降低了用户心理选择成本，导致消费心态发生变化，产品消费变得非理性，进而带动了更多用户使用和参与消费。

（二）组织使用免费

当前，生态型企业案例较少，从平台型企业来讲，平台管理针对平台使用者往往采取价格歧视策略：一是供给侧收费需求侧免费，比如电商平台；二是需求免费供给侧补贴，比如滴滴打车的初创阶段；三是双边完全免费，比如微信平台。企业生态系统是多个平台组织的组合，具有平台型企业类似的收费模式。

企业生态系统中存在三大平台：业务平台、孵化平台和运营平台。业务平台是企业生态系统价值创造的源泉，其作用类似传统电商平台，采取供给侧单边收费模式，产品价值集成商使用免费模式，以便于建立更多的产品价值网络体系，进而吸引各类模块供应的加盟，形成模块供应市场的良性竞争。孵化平台是企业生态系统中生态团队的孵化器，集成企业生态系统中的资金、人力、物力和管理资源驱动生态团队成长，因此该平台会绑定生态团队成长收益，激励创业团队的业务拓展，往往采取团队治理方式，比如通过业务发展的对赌机制、跟投机制等。众享平台是企业生态系统的基础环境平台，为系统内各个团队提供基本的信息交流、财务核算和数据查询功能，记录了企业生态系统中各种团队的经营生产过程数据，是企业数据库的信息来源，该平台采用免费模式，能够吸引和连接更多的企业用户入驻生态系统。

第五章
企业生态系统的组织案例分析

根据前文的理论研究，本章从案例视角对理论进行验证分析。在案例研究中采取了跨案例研究的方法，选取的案例是电子商务行业的龙头企业阿里巴巴集团和家电制造行业的龙头企业海尔集团。在案例陈述上，通过动态比较分析阐述每个案例自身的组织结构演变过程，通过静态比较分析阐述当前阶段，两个企业生态系统的组织结构存在的问题与演进方向。

第一节　案例设计

案例设计根据前文的理论研究内容，对理论研究进行实证分析和进一步发展。案例研究采取了跨案例研究方法，从不同案例来支持理论研究结论。案例设计包括案例研究方法的选择，案例选择标准和案例数据收集，是整个案例分析的基础。

一、案例研究及方法

研究方法选择是案例研究的前提，本文选择跨案例研究方法，因此需要研究两个或两个以上案例进行对比分析，并根据案例研究需要采集相关数据。

（一）研究方法

本文采用跨案例研究方法，Yin（1984）认为案例研究最适合研究"怎么样（How）"和"为什么（Why）"的问题。本文研究的问题是"为什么工业4.0时代的企业组织形态选择生态系统，企业生态系统的理论基础、企业生态系统的定义，以及企业生态系统的组织如何构建、组织与组织之间的关系等"问题，因此采取理论推导和案例论证研究的方式比较适合。在案例数量的选择上，选取的两个案例都具有典型性都能满足需求。而且在每一个案例研究中并非真正的"单个案例"，通过案例内的情景单元之间的比较，来提高案例研究信度。本案例研究目的是以构建理论为主而不是单纯的验证理论，因而理论抽样适合的，而且案例能够呈现非同寻常的启发性。

由于本研究主要内容是企业生态系统组织结构问题，因此采取跨案例研究方式。案例选取标准是正在转型和接近转型成功企业生态系统——阿里巴巴集团公司和海尔集团公司，两家企业分别在电子商务领域和家电制造领域取得较好的业绩，同时也是服务业和制造业公司中的典型组织结构变革代表。跨案例分析，包含对完成转型的直接复现和已完成转型企业的理论复现（Yin，2012），同时针对两个案例组织机构演进的方向进行了探索和分析。海尔集团的理念是"拥抱变化"，自从2012年开始，制定了"企业平台化、用户个性化、员工创客化"，致力于以小微组织为基本单位打造平台化组织。阿里巴巴2012年提出"平台化、市场化、数据化、生态化"，要成为"以为中小型企业这一碎片化市场提供创新性服务为起点的生态型企业"，因此从本质上讲，两家公司都在朝着企业生态系统方向发展。

（二）数据分析

本文针对阿里巴巴集团和海尔集团的案例跟踪从2008年开始，持续到2015年。首先对阿里巴巴集团和海尔集团的战略、业务研究过程进行分析，并且从战略和组织结构匹配角度重点研究了二者的组织结构的异同以及原因。案例研究运用了多种数据收集方法，如外部公开资料、内部资料和访谈调研，数字定性和定量都有。

本研究从不同的角度、渠道和层次采用多种方法进行案例企业的信息收集与归类，以获取更多的与研究内容相关资料和数据，主要包括对阿里巴巴和海尔集团内部员工的面谈、研究内部资料（内部报刊、管理手册等），访谈人员包括战略和业务部门。同时查阅了外部公开发表的研究论文、书籍、新闻等，并与海尔的客户与消费者进行了交流，交流方式采取半结构化的访谈并做了记录和整理，以利于提高理论归纳的效度及在不同情境下的数据恰当运用（Yin，2010）。

案例数据和信息分析首先通过面谈资料和公开文献、内部资料进行构建案例，进而通过访谈资料和档案数据形成治疗的三角验证，提供研究主题的内容更加翔实、论证更加充分，更为重要的是解决了证据的效度问题。本文对阿里巴巴集团和海尔集团进行跨案例研究，通过每个案例自身的组织结构和两个案例之间的基于时间的组织结构演化纵向比较、基于静态的结构横向比较，并对尚未转型的组织发展方向的探索，以支持理论框架。

二、案例介绍

根据上文所述，选取阿里巴巴集团和海尔集团作为案例研究对象，首先针对两家企业的现状和发展历程进行简要描述，其次针对两家企业的发展战略与组织进行分析，验证案例选择的可信度。

（一）阿里巴巴集团简介

1999年，以马云为首的18人在马云位于杭州市的公寓内创立阿里巴巴集团。同年，阿里巴巴集团的首个网站是英文全球批发贸易市场阿里巴巴（现称"1688"）开始运营。此后，阿里巴巴集团创建了淘宝、支付宝等网站，并于2014年在美国纽约证券交易所公开发行股票上市（Baba）。阿里巴巴多年以来遵循"让天下没有难做的生意"的企业使命，围绕企业与用户交易环节的电子化，创立了淘宝网、天猫网、聚划算、一淘网、手机淘宝等多个领先的网上及移动平台，业务覆盖零售和批发贸易及云计算等。阿里巴巴向消费者、商家及其他参与者提供广告、融资和企业交易的技术和服务，让他们可在阿里巴巴的生态系统里进行商贸活动。目前阿里巴巴是世界最大的在线和移动电商公司、运营电子市场交易平台。在移动端，阿里巴巴集团拥有及其参股合作伙伴拥有的多款移动应用在其各自领域中名列前茅，包括淘宝（电商）、支付宝（支付）、UC 浏览器（浏览器和搜索）、高德导航（基于地理位置的服务）、优酷土豆（娱乐）和微博（社交媒体）等。阿里巴巴在淘宝、天猫等电子商务平台的基础设施功能的建构中已经成为全球化的、生生不息的生态系统，体现出共生共享的格局，实现"同一个生态，千万家企业"。

（二）海尔集团简介

海尔集团是中国著名的家用电器企业，成立于 1984 年，从青岛当地一家普通的集体经济为主的小工厂，已经成为一家国际化、领先的白色家电第一品牌，并拥有沪、港两家上市公司——青岛海尔（股票代码 600690）和海尔电器（股票代码 01169）。海尔集团业务范围包括白色家电的研制、生产、销售和服务等领域，在日本、美国和欧洲设立研发机构和生产工厂，形成了以中国总部为主体，以国际机构为节点的研制、生产、销售、物流网络。在移动互联网时代，海尔集团根据"市场碎片化、用户个性化"的市场特征，为适应环境变化和为用户持续创造机制，海尔集团以"拥抱变化"的价值理念，开展了组织变革和管理创新，通过信息化、流程化重组再造，构建"人单合一"管理体系，实现了战略、组织和文化统一，提升了公司的竞争力，契合"没有成功的企业，只有时代的企业"企业理念，致力于构建全球化的商业生态系统。

（三）组织构建理念

阿里巴巴生态系统的组织理念来源于《道德经》无为而治的思想。这些可以从阿里巴巴相关的公开资料能够相互印证。首先，阿里巴巴组织理念来源于《道德经》无为而治的思想。2012 年，马云提出"我以从道家学到的无为而治的思想，……，培养生态系统，无为的生态系统"。其次，阿里巴巴的生态系统成为公司的发展战略目标。2013 年，马云致阿里员工的信中写道："希望真正使我们的生态系统更加市场化，平台化，数据化和物种多样化，最终实现'同一个生态，千万家公司'的良好社会商业生态系统。"最后，阿里巴巴提出生态系统的三大特征：开放、协同和繁荣，生态系统成为公司新商业模式的根基。2014 年，马云致投资者的信中写道："我们坚信只有打造一个开放，协同，繁荣的商业生态系统，……，我们相信一个健康繁荣的生态系统是我们商业模式的根基，而这需要通过持续解决社会问题和承担社会责任来实现。"

海尔集团的组织构建理念来源首席执行官张瑞敏的《道德经》相关哲学理念。道家哲学指导张瑞敏对企业经营，张瑞敏把"天下万物生于有，有生于无"当做座右铭。他认为，《道德经》中无形就是灵魂，就像"道生一、一生二、二生三、三生万物"。《道德经》哲学思想已经融入海尔文化中，最为代表性的是海尔董事局大楼门前雕塑取名为"上善若水"。张瑞敏提出，海尔应像海，唯有海能以博大的胸怀纳百川而不嫌弃细流，容污浊且能净化为碧水（胡泳、郝亚洲，2013）。海尔集团并把道家文化"上善若水"体现在企业价值观"敬业报国，追求卓越"、"以用户为是，以自己为非"和"真诚到永远"的社会服务宗旨上。

在组织构建理念上，阿里巴巴和海尔都来源于《道德经》的"无为而治"哲学理念，实现"太上，不知有之"的企业管理目标，战略目标的表述都是建立生生不息的商业生态系统，因为他们都是尝试把用户请进来，创业小微与用户交互共创价值，阿里巴巴与供应商互派工作人员。他们虽然表述有差别但本质相同：海尔是通过"企业平台化、员工创客化、用户个人性化"建立网络组织结构，提出建立商业生态系统的要素——平台、网络和团队；阿里巴巴通过"平台化、市场化、物种多样化、数据化"实现生态化战略，提出建立商业生态系统的要素——平台、网络（市

场化）、团队（物种多样化）。表面看是存在的差异是，海尔强调了用
户个性化，即用户碎片化需求，阿里强调了数据平台，实质上阿里通过
数据化平台能够还原用户个性化的生活场景，然后针对数据进行归类、
分析、整合，进而创造价值，也是对用户个性化的另一种表述（见表5-1）。

表 5-1   阿里巴巴和海尔的组织理念比较表

名称	阿里巴巴	海尔集团	二者异同
组织目标	商业生态系统	商业生态系统	表述相同，本质不同
公司战略	平台化	企业平台化	表述相同
	市场化		
	物种多样化	员工创客化	本质相同
	数据化	用户个性化	本质相同
管理观念	道德经	道德经	本质相同

资料来源：作者整理

第二节　组织结构动态分析

本节采取历史比较动态分析的方法，根据两家企业生态系统的组织
变迁过程，组织结构演变的影响因素和组织特征，并对两家企业生态系
统进行对比分析。

一、阿里生态系统演变历程

詹姆斯·弗·摩尔（1998）认为，商业生态系统的建立需要四个独
立的阶段：开拓、扩展、领导、更新。阿里巴巴集团生态系统发展分为
四个阶段即开拓、拓展、领导和更新阶段，而这是个阶段是随着互联网
技术发展而螺旋式上升的，在阿里巴巴生态系统演变过程中，组织机构
也从职能型、事业部向网络型不断发展的，目标是为了企业职能生态组
织结构要匹配业务生态系统组织结构，进而共同适应环境动态变化。

（一）职能型组织阶段

在企业内部组织方面，阿里巴巴在 1999 年成立之初，主要由马云口中的"18 罗汉"组成。阿里巴巴随着业务发展不断拆分组织，总体上采取母子公司和事业部相结合的组织结构，汇报机制是各事业部和子公司负责人直接向 CEO 马云汇报工作。在 2006 年，阿里巴巴集团采用传统的事业部制组织结构，阿里巴巴将雅虎中国、淘宝网、支付宝、竞价收入部和集团广告销售部五大分部，重新整合为 C 事业群，该事业群将主要面对个人用户。将企业电子商务和软件整合为 B 事业群，主要面对企业用户。2007 年，阿里巴巴的 B2B 业务群在香港公开发行股票上市融资，其余业务都在淘宝网（C 事业群）。同年，阿里巴巴集团成立阿里妈妈广告平台和阿里巴巴软件有限公司，阿里巴巴集团主要组织结构包括阿里巴巴 B2B 业务、淘宝网、支付宝、雅虎中国和阿里巴巴软件有限公司。

因此，阿里巴巴从成立之初到初步构造出纵向结构的业务生态系统的过程中，职能生态系统仍然采取传统的事业部制和母子公司相结合的组织结构，是金字塔式的层级结构，该组织具有典型的内外部、横向和纵向的组织边界。在业务生态系统内部关系比较简单的情况下，采用金

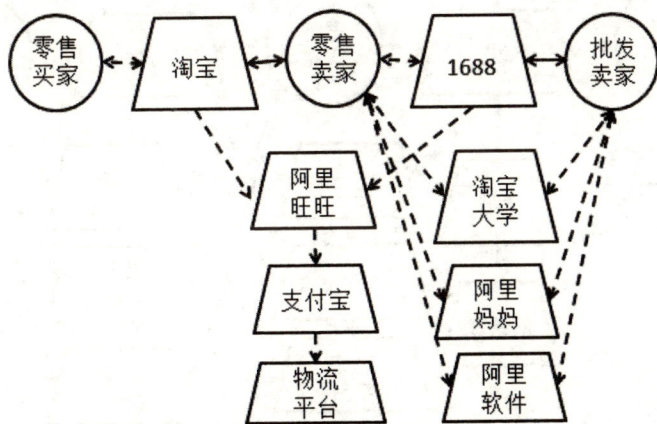

图 5-1　阿里巴巴第一阶段的务生态系统组织结构图
料来源：作者整理

字塔式企业组织能否发挥纵向权力链的作用。

（二）事业部组织阶段

阿里巴巴继续扩展在商品交易市场平台，为卖家用户提供深度服务，同时进入互联网基础平台，为后来打造中台系统奠定基础。一是在电子交易平台环节不断扩展，在淘宝母平台上衍生新的功能平台。2008 年，阿里巴巴从淘宝网孵化出品牌产品交易平台——淘宝商城（2011 年成为独立的 B2C 平台，后改名天猫商城）。2010 年，淘宝网站孵化出团购网站聚划算（2011 年成为独立的 O2O 平台），在阿里巴巴网站基础上，推出全球速卖通平台让中国出口商直接与全球消费者接触和交易的 B2C 平台。自此，阿里巴巴在电子商务交易平台已经完备，包括国际贸易的阿里巴巴（B2B）和全球速卖通（B2C）、国内的 1688（B2B）、天猫商城（B2C）、淘宝网（C2C）、聚划算和美团网（O2O）。二是为小企业电商提供电子商务服务，促进企业管理与发展。阿里巴巴先后收购美国小企业的电子

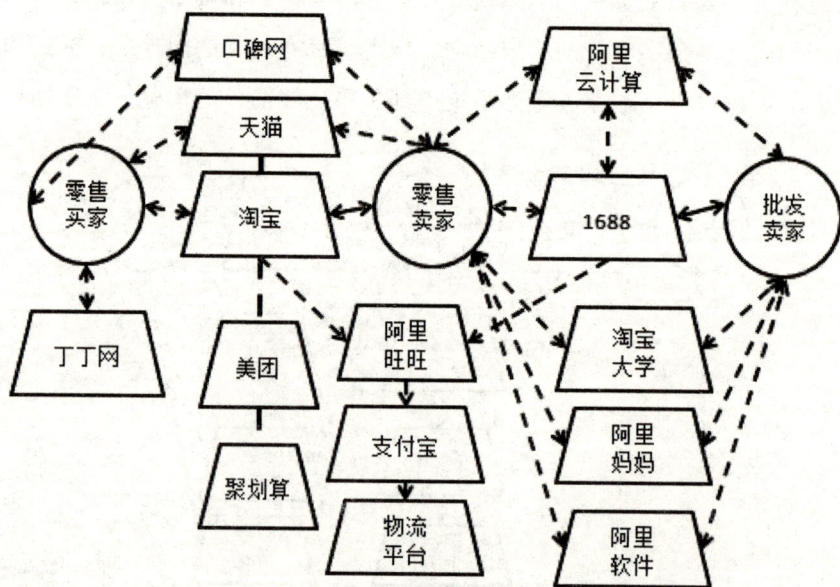

图 5-2　阿里巴巴第二阶段的业务生态系统组织构图
资料来源：作者整理

商务解决方案供应商 Vendio 及 Auctiva（2010 年）和战略投资品牌电子
商务服务公司上海宝尊，收购一达通（国内的一站式货物出口服务供应商，
2010 年）。三是布局互联网基础服务建设。阿里巴巴成立阿里云计算（2009
年），收购中国领先的互联网基础服务供应商中国万网（2009 年）和知
名免费流量统计技术服务商 CNZZ（2011 年）。四是开始关注移动互联
网时代业务。2010 年推出手机淘宝客户端，正式进入移动互联网交易平
台。同时布局本地生活业务，公司于 2006 年收购了生活服务网站口碑网，
2012 年投资专注本地生活搜索专家——丁丁网。

　　在商业生态系统的拓展阶段，阿里巴巴将其企业生命定义为电商产
业基础设施提供商，不断地进行内部组织调整，逐渐从母子公司的组织
结构向网路组织结构转变，开始尝试把市场机制引入公司内部。2012 年
6 月，阿里巴巴集团从六大子公司被进一步分化为七大事业群，试图实
现 "One Company" 的发展战略。七大事业群分别为淘宝、一淘、天猫、
聚划算、阿里国际业务、阿里小企业业务和阿里云（见图 5-3）。

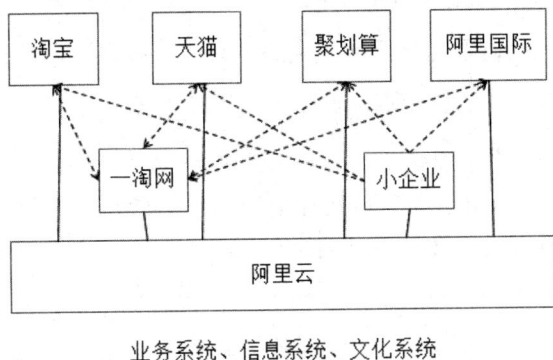

业务系统、信息系统、文化系统

图 5-3　阿里巴巴事业部型组织结构图
资料来源：作者整理

　　按照规划，阿里巴巴 B2B 的中小企业，将通过淘宝、一淘、天猫、
聚划算，与消费者对接起来，阿里云则在打通底层数据中起到基础性作用，
并且在业务系统、信息管理系统、组织文化系统三个系统上进行融合与

打通，最终形成一个有机的整体——从消费者到渠道商，再到制造商的CBBS（消费者、渠道商、制造商和电子商务服务提供商），以全面提升集团对企业用户和消费者的服务能力，实现公司整体升级进化，建设一个良好的生态环境，打造开放、协同、分享的电商体系。

在此阶段，阿里巴巴的业务生态系统已经完善了纵向组织结构，并开始构建横向组织结构，比如通过一淘网把天猫、淘宝、聚划算等不同功能的平台与用户连接，构建立体化的消费者购物场景。在职能生态系统中，根据不同平台生态系统中的生态团队的个性化要求构建引入交易服务的生态团队。然而企业的管理组织结构并没有与外部职能服务团队进行有效连接，存在清晰的内部外部职能服务的边界。因此，阿里巴巴集团的七大事业部，虽然实现业务系统、信息系统和文化系统的共享，然而七大事业部仍然属于传统的金字塔式的组织机构，仍然存在部门之间的边界，组织的扁平化和围绕用户的协同问题仍然没有解决。

（三）网络型组织阶段

2013年以后进入移动互联网时代，阿里巴巴围绕移动端电子商务开展生态系统扩展，阿里巴巴业务生态系统规模越来越大，组织关系日趋复杂，因此服务与平台的职能服务组织开始新的变化。

1. 阿里巴巴业务生态系统

2012年底，阿里巴巴提出"四化战略"，即市场化、平台化、生态化（物种多样化）以及数据化，这"四化"是阿里巴巴完善自身生态系统战略行动指引。一是继续围绕中小企业电子商务服务，成立蚂蚁金融服务集团服务于中小企业金融需求，成立菜鸟网络物流公司（2012年）和战略性入股海尔日日顺物流。二是继续拓展O2O业务，与银泰集团、苏宁云商集团战略合作开展O2O业务，收购数字地图公司高德公司（2014年），战略投资穷游网并且把淘宝旅行更名为"去啊"。三是扩张移动端入口，收购移动浏览器公司UC与优视网并整合双方业务，收购电影及电视节目制作商文化中国传播60%股权。四是进入社交平台领域，发布社交网络手机客户端来往，收购新浪微博 20% 股权，收购友盟公司。五是进入文化领域。从 2014 年开始，阿里就加快了在文化传媒板块的布局，接连投资了文化中国、华谊兄弟、光线传媒、优酷土豆、华数传媒等文化传媒公司。

阿里巴巴的生态系统不断多样化，形成了六大板块业务：一是形成了阿里巴巴、速卖通等国际电子商务平台。二是淘宝网、天猫商城等国内电子商务平台。三是移动端电子商务平台和 O2O，包括手机淘宝网、聚划算等。四是本地生活平台群，包括来往、新浪微博、神马搜索、高德地图、饿了么等。五是智能网络物流，其主要是通过菜鸟物流网络，建立电商的仓储和快递集成平台。六是互联网金融平台群，主要包括以蚂蚁金服集团和阿里网商银行为主体。七是服务商家用户的阿里软件、淘宝大学、阿里妈妈等。八是大数据平台，主要是阿里云计算和"聚石塔"数据平台，阿里巴巴将如何更好商业模式与他人分享这些数据（见图 5-4）。

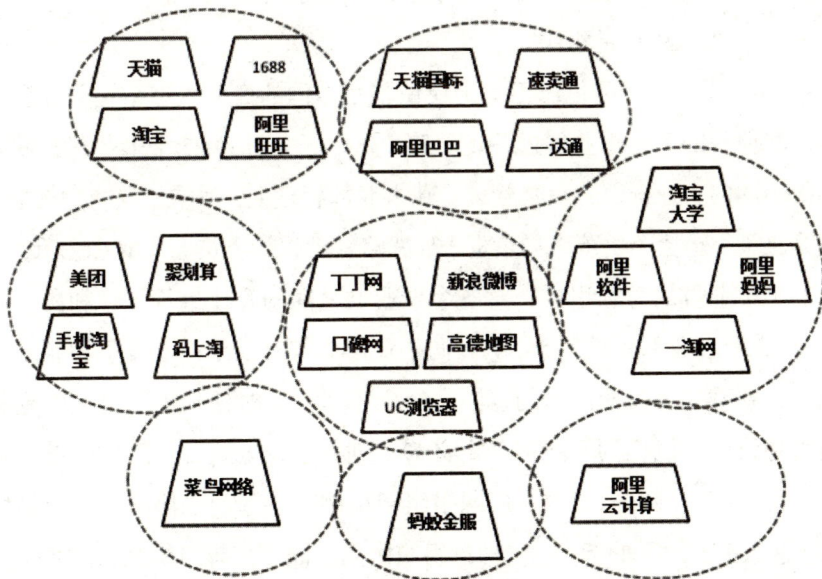

图 5-4 阿里巴巴第三阶段业务生态系统组织机构图
资料来源：作者整理

阿里巴巴在业务生态系统方面通过交易平台、物流平台、金融平台三大生态系统各自独立扩展，各个平台生态系统连接与包络，共享平台成员浏览记录、交易记录、声誉等信息，实现企业生态系统共荣共享。在职能生态系统方面，围绕各个平台成员需求，提供差异化服务。各个平台生态系统之间存在互利共生关系，围绕需求用户构建交易场景，围绕供给用户构建企业运营场景。供给用户通过不同职能服务平台（阿里妈妈、阿里软件、一达通等）构造服务价值网络，不断与阿里生态系统外部的合作方进行信息、物流和价值流的新陈代谢，形成能够独立生存的以平台为主体、以网络为连接的企业生态系统，实现了阿里巴巴物种多样化战略，即构建了企业生态系统的组分结构。因此，阿里巴巴生态系统组织结构在组分结构上是阿里巴巴高管团队、平台领导团队、众多卖家团队和卖家用户、服务于卖家的众多电商服务团队，在空间结构上是以功能互补的平台构成的、纵横交错的网络型平台生态系统，在价值结构是以商品和服务交易为基础的简单价值网络。

2. 阿里巴巴内部组织

2013 年 1 月，阿里巴巴提出要做整个中国的商业生态系统服务商，再次将原有的七大事业群进一步"碎片化"，分拆为 25 个事业部，并分别由不同的事业部总裁负责管理。在事业部管理上，采取三层权力体系：战略决策委员会（由董事局负责）、战略管理执行委员会（由 CEO 负责，由七个事业群的总裁组成，对各个事业群之间的合作进行统管和协调）以及 25 个事业部（见图 5-5）。向事业部放权有助于内部竞争和制度的规范，朝着"无为而治"的蓝图又迈出了一步。时任阿里巴巴集团副总裁曾鸣将阿里巴巴的不断拆分定义为"创新组织方式"，阿里巴巴正在向"自组织"的方向努力，用网络组织机制让各部门去协同，而不是协调，遵从由上而下的指令。这种自组织协同不同于传统组织之间的协作，协作是自上而下的科层组织，而协同是事业部之间彼此开源的、自下而上的自组织机制，不再是管理者命令式的决策，而是自下而上地达成共

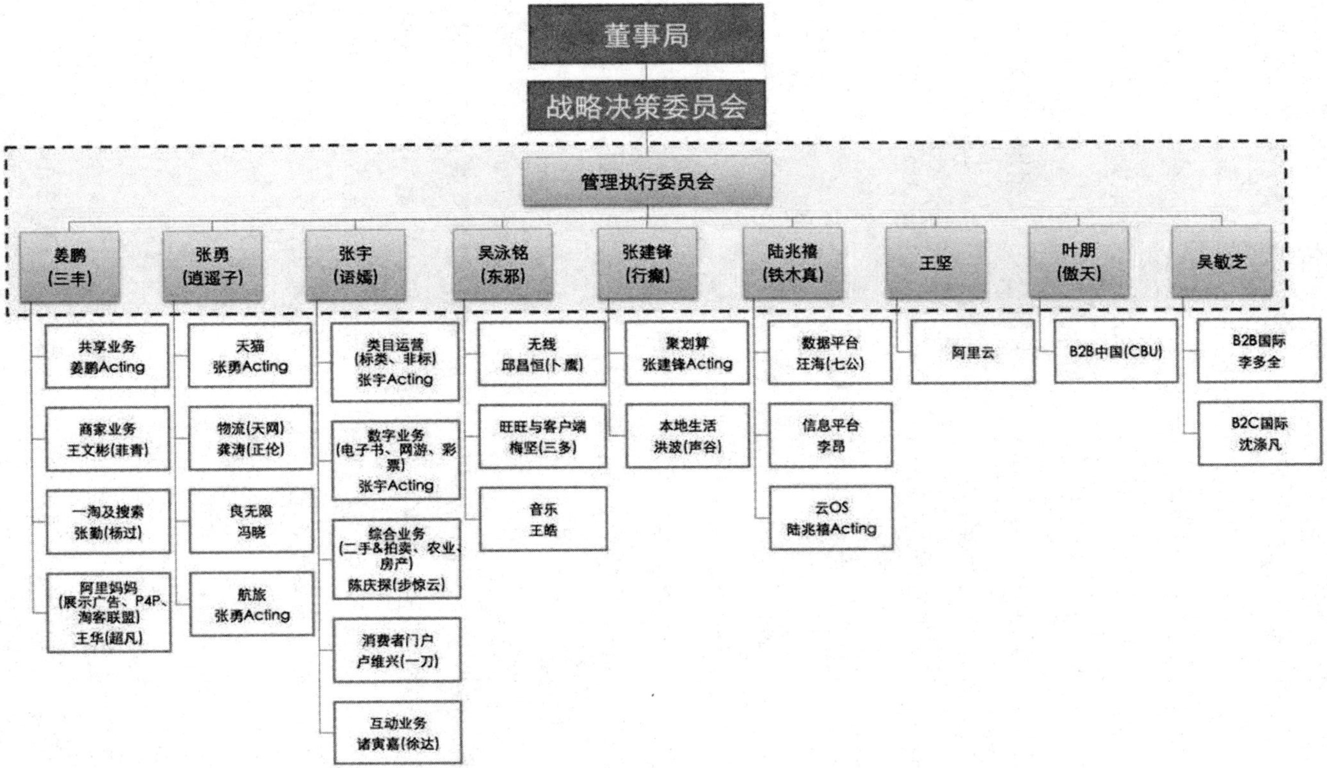

图 5-5 阿里巴巴集团网络型组织结构

资料来源：赵辉，中国领军企业的组织结构调整，中国企业家，2013，表 3

识。根据共识初步梳理出业务协同的制度框架和运作机制，用以实现阿里 CEO 马云的要求"全面提升公司文化和组织形式，以适应快速多变的外部环境，通过自下而上的方式让公司内部的决策机制、资源分配体系、沟通协调机制能够去模拟一种生态系统"。实际上，小而美的多事业部组织结构虽然下放了高层部分决策权，但是并没有真正地引入市场机制，这种组织是企业内部网络组织。而且，虽然内部引入市场 特征的内部定价与结算机制，阿里巴巴还是依靠高层协调，这是一体化组织的管理方式。更为重要的是，阿里巴巴集团服务于各个平台的职能部门与业务生态系统中电商服务商家没有融为一体，依然存在组织边界。

二、海尔生态系统结构演变历程

海尔集团自 1984 年创业以来，经多了多次战略转型与组织变革，提升了企业整体竞争优势，并进入千亿级规模的家电行业。海尔先后经历了五个阶段：一是名牌战略阶段（1984—1991 年），通过引进国外先进冰箱生产线，推进全面质量管理，树立了冰箱产品知名品牌；二是多元化战略阶段（1991—1998 年），海尔集团抓住改革开放初期企业兼并重组机遇，先后兼并了国内 18 家企业，实施产品多元化战略；三是国际化战略阶段（1998—2005 年），抓住中国加入世贸组织机遇，在发达国家建立研发、生产和营销一体化的经营体系；四是全球化战略阶段（2005—2012 年），海尔集团公司跨文化管理，实施企业本土化战略，收购了日本三洋电器和新西兰斐雪派克，从国际化的"走出去"、"走进去"转向了"走上去"；五是网络化战略阶段（2012 年至今），海尔集团从 2012 年提出了海尔目标是实现"三无"（企业无边界，管理无领导，供应链无尺度）和"三化"（企业平台化、用户个性化、员工创客化），进而构建平台生态圈，让每一个员工成为经理、总裁和动态合伙人，围绕用户实现按需设计、按需生产和按需配送（彭家钧，2014）。

与此同时，海尔集团组织结构实现了五次变革：工厂型（名牌战略阶段）、事业部型（多元化战略阶段）、矩阵组织（国际化战略阶段）、倒三角组织（全球化阶段）和网络组织（网络化阶段）的演进，实现了战略变革引领、组织变革追随。从国际化战略开始，海尔集团开始以调整企业组织匹配企业战略的变革，并提出了"拥抱变化"的经营理念，把市场机制引入企业组织（见表5-2）。

表5-2　　　　　　海尔集团战略与组织结构演变历程

名称	时间阶段	公司战略	组织结构
1	1984-1991年	名牌战略	工厂制
2	1991-1998年	多元化战略	事业部制
3	1998-2005年	国际化战略	矩阵制
4	2005-2012年	全球化战略	倒三角
5	2012年至今	网络化战略	网络型
			平台型

资料来源：作者整理

（一）矩阵型组织阶段

在国际化战略阶段，海尔集团实施了市场链流程再造，通过"人单合一"理念对组织和业务流程进行变革。市场链流程再造是海尔集团把市场机制引入企业内部的变革开始，从业务链上运用模块化工具进行拆分和整合，改革了原来的营销、采购和财务等部门和功能，整合成立商流、物流和资金流推进本部，实施企业内部矩阵组织，实现了营销、采购、财务结算的集团统一，完成了组织结构和业务流程的匹配。市场链流程再造确立各个组织之间的服务关系和市场关系，业务有行政协作变成市场协同，市公司内部员工直接面对外部市场传递的压力。

（二）倒三角组织阶段

在全球化战略阶段，海尔提出并建立了自主经营体（2010年），组织结构从正三角组织结构转变成"倒三角"组织，作为网络化组织的过渡阶段。自主经营体解决了经营单元的实体化和市场化问题，具有了决策权、用人权和分配权，"倒三角"组织改变原有的运作理念，成立三线三类自主经营体，距离市场越近的自主经营体资源配置权力越大。让中层服务基层，高层服务中层，改变企业不同层级的服务关系，从原有的行政命令调配资源转变为按照业务价值调配资源（比尔·菲舍尔等，2015）。然而自主经营体运作过程中，遇到内部契约繁多、目标分散等问题。而且，倒三角组织本质上是横向组织和层级组织的综合。

（三）生态型组织阶段

在网络化战略阶段，海尔于 2012 年底提出网络化企业特征"企业无边界、管理无领导、供应链无尺度"，2013 年底海尔提出了"企业平台化、用户个性化、员工创客化"战略。海尔针对自主经营体演化过程存在的问题，2013 年提出了利益共同体，类似内部网络组织，核心要解决"同一目标"问题。然而倒三角组织演化为前面利益共同体（网络组织），后端是资源和职能支撑平台（平台组织）。然而实践中面临着前端网络组织和后端平台组织的结算问题、为企业内部创业提供孵化平台的问题。2014 年底，自主经营体演化为"小微"组织，海尔组织中只有平台主、小微主和小微成员三类角色，"小微"成为市场经营主体，享有更充分的决策权、用人权和分配权，"小微"和平台之间是市场结算关系。海量的小微团队在平台生态系统和价值网络中运行，构建海尔生态系统，打通企业资源边界，集聚内外部资源，围绕用户需求创造产品和服务，实现海尔生态系统共创共赢共享。

在以小微为主体的价值网络中，每个小微企业都有"接口人"，接口人的任务是通过内建机制，外接资源建立"用户交互和产品引领的开放生态圈"，开放的生态圈有两个评价标准，一是外部资源的无障碍进入，二是价值网络相关方实现利益最大化，每个小微都可以根据引领目标吸引外部资源（屈丽丽，2015），而不是通过企业层面的跨组织边界结构接口人机制，实际上是一种网络与网络之间的联结机制。通过网络连接机制，"接口人"连接着供应商资源，这种连接由两个企业中成员广泛而直接的跨边界联系构成，实现了跨单元专业知识最短的联系距离，减少用户信息的失真、延迟和衰减。海尔集团所指的商业生态圈实际上是平台嵌入价值网络的平台型网络，也是企业生态系统中一种结构形态。海尔组织结构的网络化就是指这种平台化、网络化的生态型组织结构，这种组织结构把企业各部门原来的串联关系变成协同的关系，并把用户引入到产品创造全流程。海尔企业生态型组织结构是动态、变化的，因而其人员和资源也是动态、变化的，源于用户需求和外部环境是复杂动态的。平台能力在于动态调动创新资源，企业网络的能力在于创造价值，进而保证全流程的用户体验。

在网络化战略下，海尔集团构筑虚实融合的全流程用户体验驱动的竞争优势。虚实融合是指海尔的互联网服务与线下实体服务相结合打造的综合服务体系。随着越来越多的用户集聚在海尔生态系统内，用户订单和用户需求也在网上获得和满足，通过用户交易平台精准了解用户需求并快速形成产品与服务创意，进而开展产品设计，实现产品和服务的定制，进而实现线下对接全程服务，营销、物流、服务联动快速满足和实现用户需求，进一步吸引更多的用户进入海尔生态系统，不断提升海尔生态系统各个平台的自身增值能力，实现产品价值网络的不断迭代更新，最终提升了海尔生态系统中平台的用户黏度，也就是生态系统对用户的吸附能力。因此，海尔网络化战略阶段，组织结构是无边界的平台型网络结构。

三、案例总结

根据两家企业组织结构演变过程可知，两家企业组织结构的演进路径不同，不仅是行业特点不同，更多的企业生态系统构建路径不同，阿里巴巴企业生态系统是突破性创新路径，而海尔企业生态系统组织变革采取的是渐进性创新路径。

阿里巴巴集团组织结构是从 1999 年的一家平台型企业，通过平台生态系统不断分裂和连接而演变出来的。阿里巴巴企业生态系统首先构建了以交易为主体的、纵向型组织的业务生态系统，后来不断演化为以搭建买家用户交易场景的企业生态系统。该企业生态系统在空间结构上以功能互补型的平台生态系统为组织单元，平台之间通过纵横交错的网络连接而实现平台包络、生态共享。而管理平台的生态团则是从最开始的简单团队，到直线职能的公司制，再到 2012 年成了事业部制，演化到与当前业务较为匹配的内部网络组织结构，具有模拟生态系统的特征，初步形成了内部自组织机制。显然，在阿里巴巴企业生态系统中，业务生态系统融合较好，而职能生态系统则是内外有别，这也是该生态系统今后需要克服的缺点。

海尔集团组织结构是从品牌化战略时期的工厂制，走向多元化战略时期的事业部制，国际化战略时期的矩阵制，全球化战略时期的倒三角，演化到目前的平台型企业，因此，海尔企业生态系统演变过程可以说经历了目前企业采用的所有组织结构。从企业生态系统构造路径上看，海尔集团组织结构创新属于渐进性创新。而实际上，海尔集团每次组织结构调整都是对上一次组织结构的颠覆，时至今日，只是保留了"人单合一"管理模式。海尔集团作为一家家电产品制造企业，目前搭建了较为完整的个体生态系统、业务生态系统和职能生态系统，并且探索出一条由突破性创新与持续性创新相结合的组织变革道路。

工业 4.0 环境动态复杂，阿里巴巴集团和海尔集团还会因为外界环境变化，继续调整组织结构，然而每个企业实际情况不同，调整的方向也不相同，但都是把市场机制引入了企业内部。阿里巴巴集团专注产品和服务的交易或者说是价值传递，在组织结构上关注平台生态系统的建设，所以在管理平台的组织结构中采取了模拟的网络化组织，阿里巴巴企业生态系统组织结构整体上是"网络 + 平台"型。海尔企业生态系统专注于产品和服务价值创造，更多的是把平台嵌入价值网络中，形成"平

台＋网络"型企业生态系统。当然，两家企业构造生态系统组织机构，
还需要根据环境变化进行不断的调整。

第三节　组织结构静态分析

由上文企业生态系统动态演变历程可知，阿里巴巴生态系统和海
尔生态系统的组织结构不断完善，企业跨界经营能力正在形成和壮大，
因此需要分析当前两家企业的组织结构构成及存在问题，以便于分析两
家企业生态系统组织结构演进方向，为其他企业构建生态系统组织提供
借鉴。

一、阿里巴巴企业生态系统组织结构

在阿里巴巴企业生态系统中，随着生态物种数量和规模增加，生态
领导构建了三大业务生态系统：电商生态系统（包含电商平台群、一淘
网和服务于商家的阿里妈妈、阿里软件等个性化职能生态系统）、金融
生态系统、物流生态系统，以及阿里云计算和"聚石塔"数据平台等生
态系统的基础环境。而且，数百万计的消费用户、商家用户和电商企业
服务商聚集在阿里巴巴生态系统中，并通过平台生态系统不断演化，提
供新的资源，促进原有平台价值提升、生态环境不断优化和吸引更多用
户进入生态系统，进而拓展企业生态系统的用户服务范围，实现了企业
生态系统内生态物种的共创、共生、共荣和共享。

（一）业务生态系统

1. 电商生态系统

电商生态系统是阿里巴巴生态系统的发源地，已经形成组织结构完
善的业务生态系统，它是阿里巴巴生态系统每一次版图扩张之后，需要
提升整个生态系统价值的落脚点（组织结构图见图5-6）。

当前，阿里巴巴电商生态系统分为三部分：一是国内PC端电子商

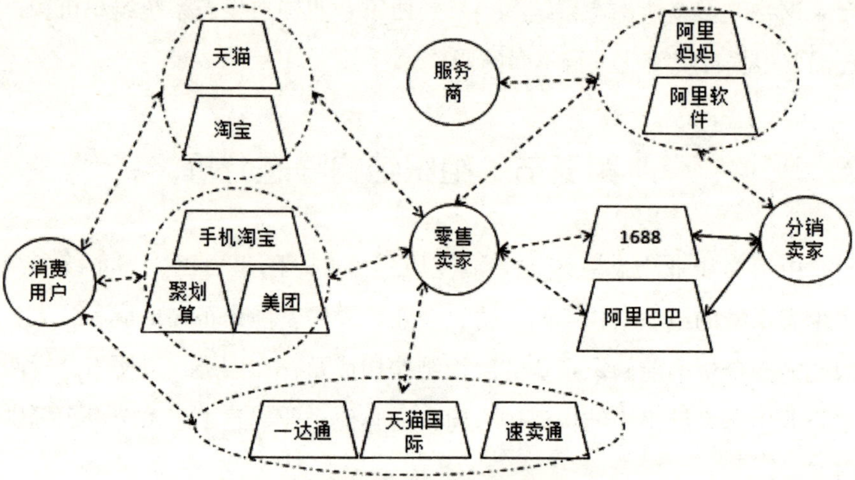

图 5-6　阿里巴巴电商生态系统组织结构图
资料来源：作者整理

务平台，主要包括淘宝网、天猫商城、1688 等国内电子商务平台；二是国际 PC 端电子商务平台，主要包括阿里巴巴、速卖通、天猫国际、一达通等国际电子商务平台；三是移动端电子商务平台，主要包括手机淘宝网、聚划算、美团网、"码上淘"项目，"未来商圈"、"淘点点"项目等。电商生态系统为用户社区搭建了国际市场、国内市场和移动市场三大类购物场景。三大平台相互包络，实现了生态系统资源共享，为买家用户提供了新的购物服务，不仅为用户降低了购物成本，而且从用户需求侧实现了购物范围经济，从买家用户实现了跨界经营。

　　阿里巴巴电商生态系统在卖家用户方面，搭建了各个平台商家的职能服务生态系统。各大电商平台的商家成长服务部门、阿里软件、阿里妈妈、淘宝大学等不断满足海量的不同定位和业务种类商家涌现的服务需求，共同完善了卖家店铺的企业运营服务环境。卖家运营服务生态系统的建立，不仅增强了各个电商平台自身价值，也实现了零售商家、分销商家、制造商家和电商运营服务商的共创、共生、共荣和共享。

2. 金融生态系统

阿里巴巴微金融生态系统从电商交易平台的支付担保功能平台开始发展，不断衍生出服务于淘宝卖家的网上银行、买家信用支付"花呗"、理财类平台的余额宝和招财宝，在此基础上延伸出数据征信服务"芝麻信用"。其业务模式都是采取平台生态系统方式运营，其用户主要是青年"草根"群里和电商平台的小微卖。目前阿里巴巴金融生态系统成为阿里巴巴集团独立的金融企业——蚂蚁金融服务公司。

支付宝成为国内最大的支付担保平台。2003 年支付宝在淘宝网上推行担保交易模式，支付宝作为担保中介，在获得买家大款之后通知卖家发货，等待买家收货确认后，支付宝将货款打给卖家，完成担保交易闭环。经过十多年的发展，支付宝已经从柜台支付走向网络支付，并通过支付宝钱包进入移动支付领域，实现了快捷支付、信用支付和移动支付。截至 2015 年 4 月，支付宝钱包拥有 2.7 亿用户，占据移动支付市场的80%，成为连接 200 多家银行和数百万家商户、卖家的支付平台。

蚂蚁微贷致力于服务小微企业的贷款平台。蚂蚁微贷的目标客户是淘宝、天猫等电商交易平台的卖家，这些卖家规模较小、抗风险能力差、缺乏足够的抵押担保，难以从银行等融资渠道获得贷款。阿里小贷通过卖家的交易量数据和交易货款抵押等模式成立网商银行开展手续简便、贷款额度小、无抵押担保的蚂蚁微贷业务，通过交易数据分析创新性为众多卖家的微小金融服务。截至 2014 年底，蚂蚁微贷服务 100 万店家，贷款额度累计超过 2500 亿元。

余额宝成为用户余额增值服务平台。余额宝理财模式是用户将支付宝内的金额转入余额宝账户，投资金融理财产品，获得与活期存款相比较高的收益，同时余额宝内的资金还能用于网络购物。余额宝将基金直销与平台营销相结合，降低了理财门槛，创新了营销模式，实现了理财的移动化、便利化和碎片化。截止到 2014 年 1 月底，余额宝用户规模超过 5800 万户，基金规模超过 3500 亿元。

阿里巴巴金融生态系统的业务遍及线上交易平台支付结算、金融理财、贷款融资、征信服务、保险业务等，为海量用户提供了基于金融理财场景的集成服务。而且在每一个业务中都是搭建平台生态系统，平台成员包括海量用户和金融服务提供商，金融生态系统与阿里巴巴其他子生态系统共享用户资源与用户资料、交易数据和信用数据。金融生态系统不但成为阿里巴巴生态系统重要组成部分，而且能够串联起阿里巴巴的电商生态系统、本地生活生态系统、物流生态系统的生态纽带。

3. 物流生态系统

阿里巴巴建立物流生态系统的目标是加强商品流通交易领域的电商平台垄断地位，而是通过与阿里金融生态系统、电商生态系统共生、共享、共荣，提升阿里巴巴企业生态系统整体竞争力。菜鸟网络物流的核心目标是为电子商务企业、物流公司、仓储企业、第三方物流服务商等各类企业提供平台功能服务而不是成为物流公司，建设数据驱动的云供应链协同平台，成为网购智能仓储和快递配送的集成商。菜鸟网络物流主要集中于物流订单的聚合工作，源于根据自身拥有的用户、商家、消费者的各种数据，以及物流信息路由的数据。

菜鸟网络物流首先要打造中国智能物流骨干网，构建数据化分析、追踪的物流宝（天网）和覆盖12个节点区域辐射全国的仓储物流设施（地网）融合，把物流服务能够覆盖偏远山区和广大农村，能够连接完善国内现有的物流网络，并通过云平台实现物流集成，通过这个网络的任何商品实现全国24小时可达，能够建立于京东商城抗衡的快递物流能力（徐文勇，2013）。中国目前70%的快速包裹数据，数千家国内外物流、仓储公司以及170万物流及配送人员都在菜鸟数据平台上运转。

菜鸟网络公司的物流网络节点建设采取战略合作方式，把物流需求从电商交易平台开始，开始采用物流仓储外包给三通一达（圆通、申通、中通和韵达），后来逐步开始和顺丰快递、银泰百货、苏宁云商、海尔日日顺物流和中国邮政进行战略合作，完善了中国智能骨干物流网的快递网、仓配网、末端网。阿里巴巴通过搭建菜鸟网络物流平台，成为中国快递物流行业的规则设计商和系统集成商，而众多物流公司成为平台生态系统中平台成员、价值网络中的模块供应商和子系统集成商。菜鸟网络物流公司具备了单寡头垄断的市场潜力，具有在物流业重新制定规则，甚至重新定义物流行业的能力。

（二）职能生态系统

2013 年之后的两年多时间里，阿里巴巴集团对开展了一系列的企业职能组织结构优化，在整体上不是对 2013 年组织结构的突破性变革，而是渐进性创新。

1. 企业内部组织结构

2015 年 12 月，阿里巴巴 CEO 张勇宣布阿里巴巴集团组织机构调整，组织方式需要树状向网状结构转变，组织架构应当形成"小前端 + 大中台"的架构。一是成立中台事业群，中台事业群包括搜索事业部、共享业务平台、数据技术及产品部。中台在企业内部提供共享的技术、数据、产品和标准，维护更新交易体系，营销体系，支付体系。二是在淘宝、天猫和手机淘宝三大业务设立"班委"制度，创造不同团队间的网络连接。三是阿里妈妈、云计算和菜鸟三大事业群成为三大独立军团，面向市场更为独立的发展，实行总裁负责制以及财务人事预算的总量管理。四是组建阿里巴巴集团平台治理部，负责电商平台的规则、知识产权保护、打假、信用炒作等管理事宜。五是重组阿里巴巴集团公关部。六是重组阿里巴巴集团商家事业部，将着眼于赋能商家，提供以大数据为基础的工具和服务，帮助商家全面提升运营能力。

2. 内部组织考核机制

阿里巴巴在 2013 年的组织变革是在企业内部从传统的一体化的金字塔式层级结构，向网络组织结构转变，实现路径是原有七大事业部这一大型组织的拆分。阿里巴巴建立网络组织之后，对事业部考核发生了变化，形成了三个考核标准：①考核创新而有价值。要求业务需要是创新的，并且创新被市场、被用户所认可。②考核协同而利他。各事业部之间的互相协同变得很重要。公司鼓励事业部的行为互惠利他，能够与别的事业部分享。③考核"今天和明天。"这要求各个事业部，不仅完成既定的业务发展目标，还要着眼于未来发展，为未来发展谋划并付出行动。这些考核是偏重战略导向，是向网络组织发展演变的重要指引。

阿里巴巴对员工考核是依靠员工在内部信息平台上的数据。阿里巴巴组织内部具有良好的信息化管理平台——SNS（Soocial Net System，社会化网络系统），即把公司内部的项目、产品、人和资源全部打通，源于内部信息对称、畅通能够最大程度发挥每个员工的潜力。任何人都能发起一场会议和研讨，其他每一个人都可以提问、点评和回答，如同微博一样，每个人都可以在别人的主页上留言。员工年终考核能够通过个人主页上的各种评价提取数据，这些数据作为个人考核依据的量化指标。

（三）组织创新分析

阿里巴巴组织结构调整一方面是业务不断发展壮大，另一方面是企业对于锻炼青年人才的迫切需求。在各个平台业务中，让在业务前线磨练过的青年管理者挑起重担，授予他们充分的用人权、决策权和分配权，并调动阿里内部资源给予充分的技术和数据支撑，以小型化团队适应外部复杂动态的市场变化，进而做出快速反应。总体而言，阿里巴巴组织网络化变革是企业组织新的探索，优点与缺点并存。

阿里巴巴集团组织变革的优点体现在以下方面：一是组织拆分既考虑组织的独立性，又考虑了组织间的连接性，具有模块化组织和生态化组织的特点，这种组织是一种自下而上的拆分与组合，而不是自上而下模块化组合，每个事业部的组合是按照统一的业务类型进行组合，因此拆分之后的组织之间运行，会比自上而下的组织拆分更顺畅。二是组织内部引入了市场机制，组织之间自我协调，是一种自发协调行为，提高了组织运行效率。三是实现了组织结构与业务关系的进一步匹配，企业内部网络组织与以平台为基础的、网络化的企业生态系统，较之原有的企业内部一体化结构，实现了企业内外部的联动。三是采用了与组织结构变革相匹配的业绩考核方式。

当然，阿里巴巴集团组织变革也存在不足：一是组织变革仍未打破组织边界，网络组织仍然局限于阿里巴巴集团内部，尚未打通内外部职能生态系统组织边界。也就是说，阿里巴巴集团只是在企业内部平台生态系统的职能管理团队进行了网络化组织变革。在组织运行过程，仍然具有较强的封闭性，无法实现企业内部资源与外部资源的充分交互。二是当前的网络组织仍然是层级组织和网络组织的融合，而非真正的网络组织结构。虽然企业内部引入价值机制，形成了企业内部价值网络组织，但是从企业组织结构上来讲，还是公司决策层—事业群—事业部的层级结构，并没有根本上解决企业组织纵向指挥链较多的问题。既然是纵向层级，也就存在公司对各个事业部考核导向干涉问题。因此组织之间的市场化也就难以真正按照组织设计目标运行，尤其是平台生态之间的垂直结构业务与共享平台业务之间的服务结算定价存在问题，最终仍然会出现公司高层的介入，无法实现组织之间采用市场化手段解决。

二、海尔企业生态系统组织机构

海尔集团在实施国际化战略时期，已经实施了市场链的流程再造，打通了企业内部各业务部门的横向边界。在实施全球化战略阶段，海尔集团实施自主经营体变革，成了三级三类自主经营了，通过放权一线经营体，希望获得内部组织与外部动态市场环境的匹配，虽然在运作过程中出现了部门利益而难以实现目标协同问题，但是实现了内部经营实体的市场化运作，具备公司网络化战略实施基础。海尔集团自从实施网络化战略以来，组织结构分为两次变革：第一次组织变革是成立利益共同体机制，实现了各个自主经营体在产品价值链联动，组织结构从倒三角组织向网络组织的变革；第二次组织变革是从把自主经营体改变成小微企业，把组织基本单元彻底市场化、实体化，同时建立平台组织，让各个小微企业栖息于平台组织，组织结构从网络组织向平台组织转型。

（一）生态系统构建

第一次组织变革的本质是从产品价值链向价值网络转变（组织变革机理见图 5-7）。从价值链向价值网络转变的过程，前提基础是成立基于产品模块化、环节模块化的市场实体，也就是海尔的自主经营体。组织结构变革是产品创造流程从串联向并联变革的结果，也是企业组织内部协同从一维向多维转变的结果。企业网络组织加强了网主型小微企业在价值网络中的地位，使得用户需求能够更加沟通渠道更短、信息衰减更小向价值网络中的每一个模块传递。但是用户与企业价值网络仍然存在沟通层级和信息衰减，需要再次实施组织变革实现用户能够与企业价值网络的直接交互。

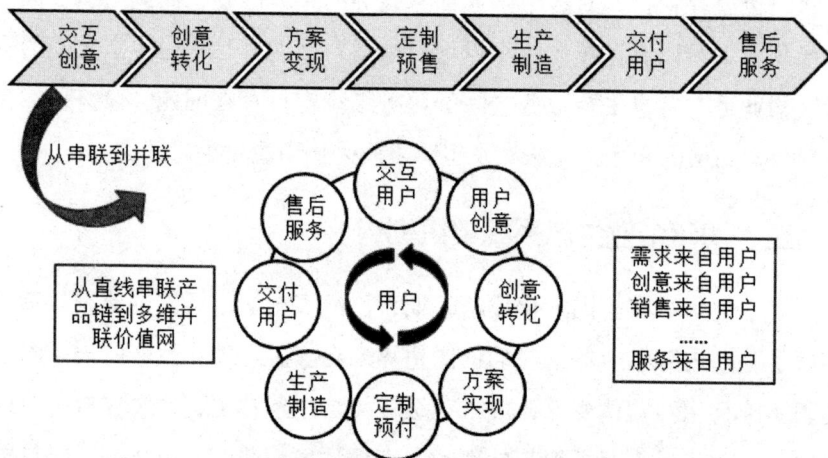

图 5-7　海尔生态系统第一次组织变革机理示意图
资料来源：作者整理

海尔集团建立网络组织结构一年之后，在 2013 年底，第二次组织变革正式提出企业平台化战略。企业平台化是企业内部引入市场机制的另外一种模式，通过建立交易平台，实现内部交易市场化，平台与成员之间是市场结算关系。这种组织结构需要原有的组织结构作出两个改变：

一是自主经营体的彻底市场化转型，海尔根据内部情况制定了三类小微——创业小微、转型小微和生态小微，组织内部具有平台化改造的基础；二是建立内部平台，实现用户与创业小微所在的价值网络直接交互，实现创业小微与转型小微、生态小微的市场交易。企业组织平台化，本质是对原有价值网络的升级，是从用户与创客小微（网主）的交互向用户与创业小微、转型小微同时交互转变，导致价值网络的扁平化，提高了价值网络与用户之间的组织交流效率，也提升了价值网络内相关节点迭代更新的效率（见图5-8）。

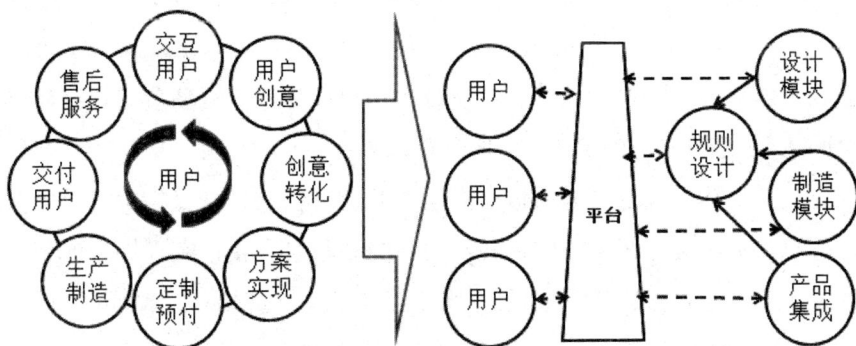

图5-8 海尔集团第二次组织变革机理示意图
资料来源：作者整理

海尔集团把栖息在平台一侧价值网络节点团队称之为平台生态圈。海尔平台生态圈是根据不同用户和相同用户不同种类需求而成立的产业平台型价值网络，因此海尔需要围绕不同的业务建立平台，吸聚创业小微及其所在的网络节点组织，目标是实现平台网络效应的激发。海尔平台化组织变革需要沿着用户需求交互、用户价值实现、小微孵化成长和小微日常运营四大类需求创立一系列平台组织，以推进企业组织平台化进程。然而归纳起来，海尔集团的平台组织要围绕两大中心——用户与小微开展。具体实践上，分为用户交互平台、产品创造平台和驱动平台、共享平台等职能生态系统。

（二）业务生态系统

在用户交互平台方面，通过海尔官网（www.haier.com）、海尔用户社区（bbs.haier.com）、卡萨帝官网（www.casarte.cn）、海尔商城（www.ehaier.com）、海极网（www.hijike.com）以及外部的百度贴吧、QQ用户群等交互资源实现与用户交互。虚用户交互平台通过600多个云交互的网络入口，吸引顾客深度参与产品前端个性化设计，每天超过100万人活跃粉丝参与海尔产品的互动，通过大数据平台，平均每天产生有效创意超过200多项，全年产生7万多项有效创意（曹仰锋，2014）。

在用户需求实现方面，通过HOPE研发资源平台（www.hope.haier.com）、资源云平台（v.ihaier.com）、海立方平台（www.ihaier.com）等动态引入全球一流研发、设计、供应链等资源，为全流程创造用户最佳体验提供资源保障。HOPE（www.hope.haier.com）是海尔和全球伙伴交互创新的社区，其功能界定为通过需求与资源在平台上自交互，为用户提供超值的创新解决方案，并实现各相关方的利益最大化，实现平台上所有资源和用户的共赢共享。HOPE平台主要包括需求发布、技术资讯、成功案例、互动社区等栏目，还建立了一流的资源超市，可以对接全球专家和解决方案，已实现了和全球200多万名专家资源信息无缝对接。海立方平台（www.ihaier.com）作为全球创业生态圈，以50亿元孵化资金，约6万家生产资源、约7000名专家资源、3万多家销售终端资源，为全球创业者提供涉及"资金、研发、制造和市场全流程生态支持"（王钦，2015）。

1. 产品创造生态系统

海尔电脑平台在海尔集团称为海尔电脑生态，当前培育了雷神游戏本、云悦Mini、掌机和CMPC等创业团队。在海尔电脑平台购买方用户是不同需求的电脑使用者，他们可以通过网络以社区方式聚集在交互平台。平台卖方成员是产品创造团队，作为价值网络的网主，继承产品系统集成商和模块供应商，满足目标群体用户需求。雷神游戏本是青岛海尔电脑平台上孵化出来的一款游戏笔记本项目，行业背景是2011-2013

年笔记本行业连续两年负增长，这是创客与用户共同创造出来的产品。2015年 "双十一"购物节，雷神销售1.6万台游戏本成为京东商城笔记本产品的销售冠军。

一是用户需求来自交互平台。雷神团队先后成了6个QQ群，共有2000多名铁杆粉丝，粉丝参与设计、参与社区自治、参与产品服务和产品维护。在雷神BBS和百贴吧中，关于雷神本的各种产品知识、使用知识和维护知识十分齐全。用户有问题可以很快得到恢复。在交互平台，不仅有雷神市场总监赵艳兵、右护法李欣，还有蓝天团队，众多铁杆粉丝"雷疯"。

二是产品创造来自用户交互。创业团队赵艳兵和李宁在京东等电商平台上搜集的30万条用户对笔记本的评论，归纳为13条关键需求，其中7条通过努力能够满足用户需求。在2013年12月首款产品问世，笔记本品牌名称来自粉丝社区讨论结果，笔记本LOGO来自用户粉丝设计。产品升级来自用户，雷神在第一代产品中出现屏幕亮点，根据粉丝要求进行了更换，无亮点成为雷神游戏本的标志。雷神公司从雷神游戏本开始，逐步开发雷神耳机、雷神背包等互补产品。

三是产品制造来自价值网络。雷神创客团队作为规则设计商，蓝天电脑作为产品系统集成商，显示器、处理器等产品模块参与产品集成。雷神团队把蓝天设计团队拉入雷神社区，与用户进行交互，提升了信息传递速度，减少了用户与产品集成上的信息衰减。使得蓝天电脑制造工厂能够全流程的与用户一起参与研发、设计、制造和测试，之后再整机出货，既满足了用户需求，又能使用蓝天代工厂对产品的整体把控。

四是产品销售来自营销平台。产品销售采用粉丝推荐模式，不少粉丝推荐其他用户购买，有个粉丝一次给朋友推荐购买14台游戏本。雷神游戏本第二代3000台是从京东商城18万预约用户基础，由京东商城提前买断，提前打款，2014年1月3000台产品21分钟全部被抢售，成京东商城的游戏本"爆款"。2014年8月雷神911笔记本3000台在10秒内被"秒光"。2015年5月在京东产品众筹2829万元，破中国产品众筹纪录。

五是雷神股本来自外部资金资源。雷神公司在获得天使投资成立注册后，在获得500万元投资之后，第二轮股权融资在京东股权众筹获得股权众筹1500万元。

2. 配送物流生态系统

"车小微"隶属于海尔的日日顺平台，从海尔原有的分销体系转型而来，采取方式是把平台嵌入分销网络，最终形成平台型网络。车小微模式，是海尔在提升配送效率、提高用户体验、降低配送成本，以强化产品最后一公里的配送，形成对海尔物流体系的整体提升。

（1）车小微运营平台是数据化的配送市场。车小微平台是一个数字运营平台，给配送车辆安装运营系统、派工系统、抢单系统、结算系统、用户评价系统等，通过车辆上安装的GPS定位系统、POS机、定制的平台电脑与后台数据联系，并且给配送车辆提供承接海尔自身、京东、阿里巴巴等网站的配送单、开发票、垫付车小微们支付不起的不良品退换资金占用等服务。车小微平台通过平台的大数据系统，对沉淀下来的消费数据进行大数据分析和订单预测，通过车载平台电脑为每辆车提供智能决策支持。

（2）配送车辆加盟车小微平台，构建配送网络。车小微由配送车辆由司机和安装工人组成，是一个独立小微公司，从运营平台上主动抢单，给用户提供运送和安装服务，并接受用户直接评价，用户评价转化成车辆等级进而转化为抢单优先级。车小微作为平台成员，通过互联网自主进入，配送车辆自主抢单，服务评价来自用户，考核则靠信息系统。用户给每单的评价会影响车辆评级，评级则会影响抢单的优先级。通过这种方式，激励每辆车努力提升客户满意度。每一辆配送车都是一个小微公司，符合条件的家电服务点、经销商，以及物流公司、个人等都可以加盟。通过大量车小微的加盟，日日顺平台成为一个"开放平台"。

（3）车小微生态圈实现用户、员工和企业共赢。一是使用户体验获得良好的用户体验。2013年天猫"双十一"购物节，山东济宁的一位用户凌晨在天猫下单，配送车辆后征得用户同意，20分钟后就把洗衣机送到用户家中并为用户进行了安装，超快的物流速度给用户"超爽"的体验。二是有效地调动内外部资源。截止到2014年10月份，海尔的配送系统已经吸引9万多个"车小微"，超过18万人加盟创业，其中海尔6000家服务商转型而来的车小微约有2万个，而且每个车小微的投资回报率接近30%。三是"车小微"平台建立壮大，使得海尔才在全国1500多个区县、2万多个乡镇做出"按约送达、超时免单"的承诺，而企业配送成本也降低了5%。而且，国内销售额超过100亿元的14家家电品牌中有12个加入到日日顺物流生态圈。

3. 产业金融生态系统

海尔产业金融生态系统，不是针对单一公司而是从整个产业生态角度提供金融工具，以产品为核心，以金融为纽带，连接产品上下游产业链，重组大型企业与小型之间竞争关系为价值网络关系（见图5-9）。海尔

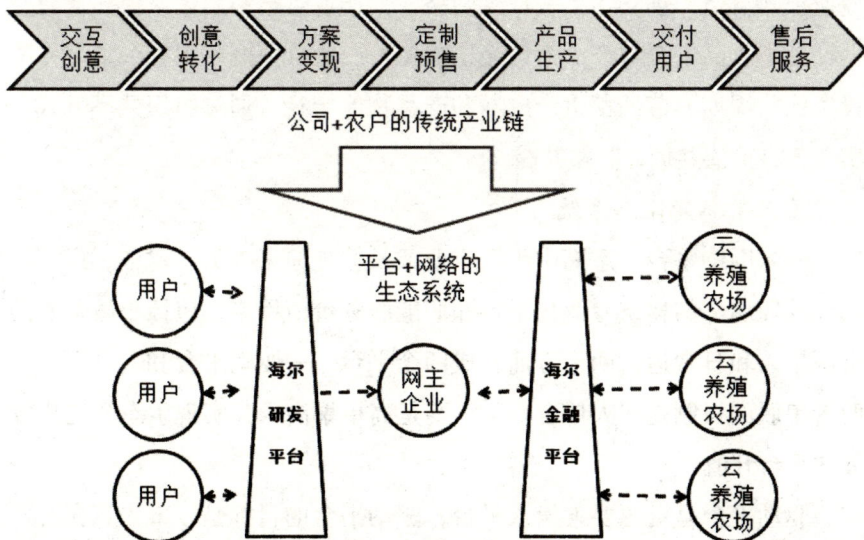

图5-9　海尔产业金融生态系统组织结构图
资料来源：作者整理

产业金融生态系统不仅聚集创业团队,也包括北京德清源农业科技公司、江苏鸿轩生态农业公司等大型企业。

产业金融生态系统包括研发平台、交互平台。以鸡蛋产业为例,研发平台围绕蛋产品开展饲料、疫苗、信息系统、养殖设备等方面技术研发,集聚一流研发资源解决产业链上技术难题。交互平台,实际上是通过金融为纽带,重组产业结构,打造动态价值网络。比如,德清源公司进入海尔产业金融生态系统,开展云养殖商业模式,德清源公司负责产品与技术研发,养殖业主围绕德清源蛋品加工中心布局云养殖工厂,德清源向云养殖工厂输送管理、技术、标准以及鸡苗和饲料,云养殖农场的合格产品通过德清源营销和物流系统销售,德清源公司以轻资产方式实现了核心能力扩张,养殖农场能够共享德清源的技术、标准、管理和组织等核心资源。

产业金融生态系统从根本上改变了传统的公司＋农户的高度离散养殖模式,完全改变了鸡蛋产业的发展模式,实现了金融驱动产业组织和商业模式再造,创立了"平台＋网络"的产业生态系统。该模式从源头上保证了食品安全与产品个性化,缩短了产业价值网络中各个参与方的投资回收周期,节约了生产成本和产品物流半径,通过组织共享方式,实现各方价值共创,收益共赢。

（三）职能生态系统

海尔围绕平台生态圈中小微企业成长,把原来人力、财务、投资、培训等职能部门构筑专业化平台和职能服务价值网络,包括小微企业的资源接入和日常运营两个方面合成两个平台——驱动平台和共享平台,两者串联的机制是"人单合一",要是高单聚高人,实现生态圈迭代发展和平台升值。

驱动平台是资源要素投入平台,驱动平台的目标是"事先算赢"。驱动平台的需求方是小微企业,供给方是外部高人、资金和海尔集团。在驱动平台上,实现平台主和小微主共同投资,驱动小微业务发展。根据海尔人单合一机制，在小微企业的战略损益表中，关注用户增长和战略价值实现，通过平台和小微的对赌机制，小微运行的日清日高优化机制，实现小微企业的发展目标。同时针对小微企业增长，海尔集团投资，创客和平台主也会跟投，实现利益绑定、风险共担、收益共享。小微成长过程是高单聚高人的正反馈循环过程：通过高单吸引高人，实现目标提升，进而小微提出更高目标，接入更多资源，最终实现目标；反之，不能达到目标，创客会被迭代出局。因此小微主和小微成员之间的关系是动态的，他们都是动态合伙人，而且驱动平台随着小微企业成长，自身价值在正循环反馈中提升。

共享平台是小微企业日常运营平台，共享平台的目标是"活而不乱"。共享平台的需求方是小微企业对人力职员工资发放、会计日常核算、资金转账处理、国际货币兑换、小微成员培训等众多需求，而供给方是由原来的职能部门人员转型过来的生态小微团队和新设立服务型生态小微团队。共享平台具有不同的模块功能，比如在人力资源管理中，共享部分集中劳务合同签订、合同管理、员工五险一金和企业年金，以及员工自主服务（查看个人信息、工资绩效、薪酬福利等），还有特殊的为小微团队提供人才搜索、评估、分析与人才推荐等。在财务管理功能上，除日常会计核算、账户支付，还有特定的项目，比如投标保证金办理小微、复杂的纳税筹划小微、国际业务中日常汇率波动产生外汇管理小微，以及客户联合授信小微——互助资金池等。海尔集团在共享平台建设上引进了私有云，共享平台与职能服务小微之间的关系是云平台与端服务。平台在需求侧集聚了不同类型的职能服务需求，在供给侧集中生态小微团队。平台提供了供需双方对称的信息，具有公平的交易机制，使得交易能够快捷方便。这些创客化小微团队在共享平台上抢单，满足创业小微的需求而获得用户付薪，成为自主经营团队，实现了企业职能服务的市场化。共享平台的设立，提高了原有职能部门的运作效率，实现了企业组织的纵向无边界和层级扁平化。

（四）组织创新分析

海尔生态系统组织变革是企业组织结构重大突破。一是实现了企业纵向层级扁平化，去除了横向层级的"隔热墙"，实现企业内部外边界打通，真正实现了企业无边界发展。二是实现了企业能够充分利用外部优质资源，从经营内部资源转向经营外部资源，从经营产品转向经营网络、经营平台，实现生态系统自动运转与进化。三是实现了企业组织的动静结合，企业平台作为生态系统的骨架是静中有动，做企业组织主导架构是静态的，然而自身演化升值是动态变化的。四是具有实现"无为而治"远大目标的可能，通过平台和平台成员，网主企业与节点企业共创共赢、共治共享，使得栖息在企业生态系统中的物种忘记平台和网络的存在，然而平台和网络又无处不在。

然而，海尔生态系统构造和演化存在以下方面尚需改进：一是企业生态系统的物种不够丰富，海尔生态系统源自企业拆分，创业小微、转型小微和生态小微数量不足，尚未激发所栖息平台的同边网络效应和跨边网络效应。二是生态系统中平台对用户和小微的黏度不高，由于平台成员数量不足，尚未实现"荷塘效应"，进而激发同边网络效应，使得用户在平台交易频率不高、交易时间较短，导致生态系统中平台价值不高。三是海尔生态系统还不具备改造社会企业的能力，海尔生态系统要能够满足社会企业进入后，由于内部职能部门运营成本远高于生态系统内部采购成本，社会企业自动消减职能部门和非核心业务，实现企业归核化，最终成为具有核心能力、功能至简的生态团队。四是海尔生态系统的跨界经营能力较弱。由于生态系统的价值创造平台尚未激发网络效应，生态系统栖息用户数量不足，无法通过集成用户需求、共享用户、共享能力和共享组织实现企业生态系统内跨界经营。当然，海尔金融平台已经尝试建立智能交通、生态农业等生态圈，开始了跨界经营探索。

三、组织结构比较分析

组织结构分析主要从业务生态系统、职能生态系统和企业生态系统进行分析。

（一）业务组织比较分析

1. 阿里巴巴业务生态系统

阿里巴巴生态系统是一个以价值交换为主的企业生态系统。阿里巴巴公司从建立平台开始，本身就属于商品交易产业的产业模式的突破性创新，业务组织建设围绕交易的网络型平台的完善和核心能力打造。同时避免相同类竞争对手的商业生态系统对阿里生态系统的破坏，比如坚持使用阿里旺旺作为买家和卖家的交互平台，开发往来交互平台来抵御微信平台对阿里巴巴移动电商用户的吸聚。阿里生态系统当前的电商生态系统、金融生态系统和物流生态系统相互支撑、共生共赢，然而在生态系统的分工却不相同，电商生态系统负责提升用户黏度，金融生态系统负责跨界经营，物流生态系统负责集成补短。

电商生态系统作为阿里生态系统的核心竞争优势，从 PC 电商发展到移动电商，从国内电商发展到国际电商，从城市电商发展到农村电商，然而阿里巴巴集团只是搭建卖家和卖家的交易平台生态系统，并吸引网络制作、模特等众多电商服务入驻，实现物种多样化。阿里金融生态系统从支付宝平台不断扩充新的功能，从围绕卖家商户支付、融资、理财、保险等金融需求不断扩展，然后围绕买家用户支付、融资、理财、保险等扩展功能，始终围绕用户需求多样性集成、便捷性使用开展服务创新，不仅提升了金融生态系统各个平台的用户黏度，而且在金融领域实现了跨界经营。菜鸟网络物流作为阿里电商最后一块短板，通过建立社会化智能骨干物流网，设立仓储物流设施完善连接分散的仓促物流系统，补充了阿里巴巴生态系统的物流速度过慢的短板，具备了与京东商城在物流配送服务商的竞争能力，能够进一步提升电商生态系统乃至阿里整个生态系统的用户黏度。

阿里生态系统的功能完备和超强的竞争力，具备跨界经营的实力，于是阿里巴巴开始进军医疗服务领域、交通服务领域，通过用户共享、重组业务模式和产业组织，通过满足现有用户的新需求，实现跨界经营。

2. 海尔业务生态系统

海尔生态系统是一个包含价值创造、价值交换领域的企业生态系统。海尔企业生态系统建立通过突破性创新途径实现，通过建立用户交互、价值创造、价值交换的平台生态与网络构造业务生态系统。海尔集团的发展目标是成为创业孵化器，让天下没有难创的企业，产品创造生态系统是海尔生态系统的核心，营销物流生态具有促进功能，产业金融生态系统是能够产生跨界经营的主要途径。

在海尔生态系统中，创造产品或服务实现用户需求是一切经营获得出发点和归宿，而创造价值只能在价值网络中实现，所以海尔生态系统是以价值网络为核心，通过平台嵌入价值网络是能够实现价值网络的动态迭代，引入平台强化价值网络的搜寻、协同效率，因此海尔生态系统是"网络＋平台"型组织结构。在交互平台生态系统中，海尔集团建立了多个交互社区，也借用了 QQ 群、百度贴吧等外部社区，形成多个网络连接的互动社区，而且与社交平台生态系统不存在冲突。在海尔生态系统中，海尔营销体系改变成营销和物流配送生态系统，在大件电器物流和安装领域具有自身优势，并引入阿里巴巴战略投资，成为菜鸟网络物流的合作成员。海尔金融生态系统，通过海尔金融平台重组传统产业结构和发展模式，建立以金融平台为中介的动态价值网络，并应用在家电、智能交通和生态农业领域。

海尔业务生态系统功能完善，目前核心能力正在不断提升，由于各个平台还需要吸引更过用户，才能突破规模经济临界点，呈现荷塘效应的倍速增长。因此，海尔业务生态系统中需要壮大产品创造生态系统和产业金融生态系统，才能够实现海尔生态系统自身迭代演进，生生不息。

（二）职能组织比较分析

阿里生态系统的核心功能是交换价值，在阿里生态系统中存在较多电商服务为卖家用户提供服务。由于阿里生态系统并不创造产品，所以阿里生态系统中针对卖家创造价值的驱动能力较弱；阿里金融只是提供金融理财服务，针对卖家的投资功能较弱。因此，少数卖家的生生死死对阿里生态系统影响不大，由于阿里巴巴的收入主要来自收取会员费和使用费，因而只要卖家数量足够大就可以。在共享平台方面，阿里有内部的大中台：搜索事业部、共享业务平台、数据技术及产品部，都是服务小前台——淘宝、天猫、航旅业务等等，针对整个生态系统日常运营，阿里集团把它们清晰地分为企业外部和内部，外部商家的日常运营由阿里巴巴相关平台的商家服务部门和其他电商服务企业提供一部分的运营支持，而阿里巴巴企业内部的职能服务同样分散在各个业务部门里面，彼此之间是自组织协作，而模拟市场关系、契约关系。

海尔生态系统的核心功能是创造价值，在海尔生态系统中存在以投资为主的驱动平台为创业小微服务，驱动平台不仅仅为小微接入外部资源，而且接入海尔的运营管理服务，帮助小微成长成独立的公司。每一家创业小微对海尔都很重要，因为每一家创业小微都有海尔天使基金投资，海尔是依靠小微成长企业而获得创业价值，因此海尔创业小微不仅数量多，而且质量高。驱动平台孵化成功的创业小微，能够壮大海尔生态系统中的创业数量，有利于提高海尔生态系统的产品多元化。由于海尔生态系统关注创业小微，在共享平台上存在众多生态小微，为创业小微提供运营支持服务，以便于降低创业小微的运营成本，并实现共享平台的价值增值。因此在海尔职能生态系统系统中，各个驱动平台是错位发展，共享平台是整个海尔生态系统的环境基础，小微企业之间是市场关系、契约关系。

（三）组织静态分析小结

阿里生态系统是一个有边界的、多生命体的企业生态系统，尽管它存在企业的内外边界。从生态系统的主要功能来看，阿里生态系统的核心能力在众多中介功能平台的构筑与连接，平台价值自我提升与用户黏度不断提高。从生态系统的组织结构来看，阿里生态系统的组织结构是以平台为主体、用网络连接平台的生态系统，即是平台＋网络型生态系统。从生态系统的组成内容来看，阿里巴巴已经形成海量用户和商家的电商交易生态系统、连接国内主要物流网络的物流生态系统、实现跨界经营的金融生态系统，三个业务生态系统之间相互支撑、共生协同。从生态系统的成熟度来看，阿里巴巴企业外部的商业生态系统已经比较成熟，阿里巴巴内部组织边界仍然存在，内部网络组织进化还处于初级阶段，内外部组织仍不匹配，内部组织将进一步演化成平台＋网络的生态型组织，成为严格意义上的企业生态系统。

海尔生态系统是一个无边界的、多生命体的生态型组织，符合企业生态系统的基本定义。从生态系统的主要功能来看，海尔生态系统的核心能力在于不同方面的平台升级与升值、价值网络的构建与扩展。从生态系统的组织结构来看，海尔生态系统的组织机构是以网络为主体、把平台嵌入网络的企业生态系统，即是网络＋平台型生态系统。从生态系统的组成内容来看，海尔初步形成了以用户为核心的价值创造与实现的、无边界的子生态系统，以创业企业为核心、以驱动成长、共享服务为重点的子生态系统。从生态系统的成熟度来看，海尔生态系统仍处于构造的初级阶段，生态系统的消费用户和企业用户数量，以及生态小微数量，尚不足达到主要平台能够实现倍速发展。

第四节　组织结构发展方向

企业生态系统组织结构需要与复杂动态的外部环境相匹配的，适应外部环境能够继续生存，否则组织继续演化新的组织，具有新的组织结构特征。M.钱德勒认为组织变革应匹配战略发展，因此企业生态系统组织结构演变要与企业战略发展方向相适应。与此相反的看法是，组织变革指引战略变革。在企业生态系统中，各个物种共享用户、共享资源、共享组织，企业生态系统的经营行为就是跨界经营。因此存在战略与组织相互影响，企业生态系统演化成"平台＋网络"之前，是组织变革追随战略变革，演进到"平台＋网络"之后，企业生态系统具有了跨界经营的能力，是组织变革指引战略变革。阿里巴巴虽然已经形成了复杂的商业生态系统，然而存在企业边界，企业内部组织需要适应外部生态系统的环境变化。海尔正在打造企业生态系统，企业生态系统的仍处于演化过程中，需要企业战略进一步指引组织演化，等待企业平台具有了网络效应和荷塘效应，将进入组织变革指引战略阶段。

一、阿里巴巴企业生态系统组织演变

（一）企业战略发展方向

在阿里巴巴集团业务生态系统中，已经完成了电商、金融和物流三大子生态系统的构建，实现了电商纵向平台群的打通，阿里巴巴在国内和国家电商业务能够实现可持续的生态扩张，然而阿里巴巴都是围绕"天下没有难做的生意"理念发展生态系统。然而在工业 4.0 时代，个人能力进一步放大成个人帝国主义，因此围绕个人需求侧的集成服务变革处于起步阶段，阿里巴巴基于移动的生活服务生态系统，包括来往、新浪微博、去啊、九游、神马搜索、高德地图、阿里巴巴电影等尚未有形成有效生态支撑，与竞争对手腾讯以微信为主体的生态系统相比竞争力仍有差距。阿里巴巴将会立足现有生态系统中的海量买家用户的需求侧服务集成，增强 UC、微博等移动端入口并增强潜在用户引流能力，通过金融生态、物流生态和和电商生态的组织共享，围绕服务创新和价值交换实现跨界经营，增强现有生态系统的用户黏度，同时进一步提供现有平台价值，增强生态系统竞争力，比如，从目前已经通过支付宝进入的医疗领域，还会对交通服务领域以及国际领域跨界经营。

（二）组织结构演变方向

由于企业组织边界尚未拆除，阿里巴巴生态系统存在外部商业生态系统与内部网络组织，这两种组织相互分割，导致企业组织与业务形态不匹配，因此阿里巴巴组织的发展方向有几个：一是拆除企业组织边界，建立无边界组织，实现外部商业生态系统与内部网络组织的打通，会出现企业组织结构与外部环境匹配度更低，因而会出现组织继续进化。二是当前网络组织还是模拟市场化机制和自组织机制，因此需要真正建立以市场化为导向的内部机制，成立市场化机制的前提是各个事业部具有市场地位，具有完全的决策权、用人权和分配权。三是当前两个条件都成立的情况下，阿里巴巴会发现网络组织中依然存在平台功能不足的问题，因此需要建立小前端和大中台的基础环境平台，这个基础平台不仅是数据平台，还是生态系统的运营平台，这个平台可以吸聚商家服务事业部和电商生态服务商，建立网络型平台的生态系统。

二、海尔企业生态系统组织演变

（一）企业战略发展方向

当前，海尔集团主要业务领域仍属于家电制造。工业 4.0 是物联网时代，海尔集团要把电器连接成网器，实现电器与电器互联、电器与人互联、电器自我学习不断演进。通过物联网和服务联网搜集大数据，进而通过数据发掘实现用户生活和产品应用的场景还原，通过数据结构化重组，进一步发掘用户的潜在需求。根据数据分析和用户交互，实现产品创新和服务创新，提升用户与企业在平台的交互频率和时间，通过交易平台、物流网络的组织共享，实现产品迅速交付，不仅完成了平台的跨界经营，而且提升了网络集成效率，进而提高平台的用户黏度，提升平台和用户价值，扩大了生态系统的边界。因此，海尔业务发展重点是通过生态系统组织建立实现跨界经营，重新定义原有产业的发展模式，围绕价值创造实现"天下没有难创的企业"的终极目标。比如，海尔金融平台生态圈进入了生态农业领域，重构鸡蛋产业结构和商业模式，重新定义了鸡蛋产业组织规则，把原有大小企业的竞争关系变成产业价值网络中网主与节点企业的竞合关系。

（二）组织结构演变方向

海尔围绕用户需求和创业发展的两大类平台将会进一步演化。一是随着海尔通过扩大用户流量接口引入更多用户进入企业生态系统，激起交互平台和资源平台的网络效应，增强平台对买家用户和创业企业的黏度，实现"荷塘效应"的倍速增长。二是强化生态系统中价值创造平台、营销物流平台和驱动平台的核心地位，实现产品创造、产业金融、营销物流生态系统系统协同发展。三是强化海尔生态系统价值创造的核心定位，虽然生态系统的发展方式是跨界经营，但是每个生态系统都有自身的优势，海尔生态系统在于产品价值创造，组织结构是典型的平台嵌入价值网络，与阿里巴巴、京东商城等价值交换型生态系统（组织结构是网络连接纵向平台）差异化、互补发展。四是海尔生态系统是典型的产业孵化生态系统，在价值创造领域，跨界经营属于常态，因此现有海尔生态系统中的创业小微、转型小微和生态小微，朝着创业小微和生态小微的两类方向演化，同时实现新进入企业的不断归核演化成为创业小微或生态小微。五是海尔生态系统内部市场交易机制的演化，使得创业小微和生态小微在平台生态和价值网络中持续发展，以至于忘记生态系统组织的存在，实现"太上，不知有之"的管理目标，最终实现全体共治而导致企业生态系统的生态领导"无为而治"。

第六章

研究结论和建议

本章内容主要阐述论文的研究结论与创新点，针对产业政策和公司组织变革提出了相关政策建议，并为下一步研究指出了方向。

第一节　文章研究结论

本文从《道德经》哲学、生态学、经济学和管理学跨学科融合视角，首次从组织结构视角研究了基于工业 4.0 环境下的企业生态系统，通过跨案例研究方式开展理论验证、促进理论发展，本文的研究结论和创新点总结如下：

一、企业生态系统组织符合工业 4.0 的基本要求

随着以移动互联网、大数据技术、云计算和智能制造为基础的工业 4.0 时代到来，技术环境降低了市场交易成本，市场机制与企业组织进一步融合，企业发展呈现规模小型化、能力归核化特征，导致大量的小微型企业出现。从工业技术发展与组织结构理论变迁视角来看，组织结构理论研究的关注点从注重组织内部、组织之间组织结构理论研究，转向基于组织环境视角的组织结构理论研究。基于商业生态系统理论和组织环境适应性要求，本文认为企业生态系统是工业 4.0 环境下，组织形态多样的大量企业生存与发展的环境型组织。

二、结合跨学科理论，提出了企业生态系统组织的指导理论

根据外部环境对企业生态系统适应性要求，本文从道法自然视角，提出企业生态系统在组织目标上具有"天长地久"的生存目标、"太上，不知有之"的管理目标，在组织结构中具有"利而不害"的横向关系、"无为而治"的纵向关系。从自然生态系统视角，提出企业组织的三维特征：组分结构、空间结构和价值结构。从共享经济视角分析了共享型组织具有的实体共享与虚拟共享、个体共享与组织共享的实践特征，及其组织特征，即组织要素的享用被享成为一体、组织规模最大做小成为一体、组织文化自由忠诚成为一体、组织关系竞争合作成为一体、竞争优势的个体系统成为一体，进而提出了基于组织结构要素和权变因素的企业生态系统的结构要素内涵。

三、在指导理论基础上，论文提出了企业生态系组织结构理论

根据企业生态系统的指导理论，本文提出了企业生态系统定义，即基于组织环境视角的以单一企业为主体来构造环境型的组织，在此组织中个体与个体之间、个体与企业之间、企业与企业之间、企业与环境之间进行物质、信息、价值交换循环。而且分析了构建组织结构的三种要素——团队、平台和网络，明确了企业生态系统的组织架构：基于物种多样化的团队组分结构、基于用户场景的平台空间结构和基于生态关系的网络价值结构，由于三者之间存在"万物负阴以抱阳、冲气以为和"的组织关系，并提出了企业生态系统的两类组织结构——基于价值创造的"平台 + 网络"组织结构、基于价值传递的"网络 + 平台"组织结构。根据企业实际情况不同，本文提出企业生态系统两种构建路径，即传统企业组织变革的渐进性创新路径、新创企业组织变革的突破性创新路径。

四、从组织结构视角，论文提出了企业生态系统的组织关系

从企业生态系统组织内部、组织与环境、整体与个体视角，本文阐述了企业生态系统存在产品共创、组织共生、环境共荣和生态共享关系。生态团队围绕自身核心能力和用户需求在平台生态中聚集资源、在模块化网络组织中创造价值。海量的生态团队与其所在价值网络、平台生态系统存在利他共生关系。企业生态系统内的生态物种通过与外部社会环境交换资源与价值，实现与环境共同发展与繁荣。生态共享使企业生态系统能够跨界经营、产品和组织免费使用，而生态共享的前提是模块化产品和模块化组织。从企业生态系统视角来看，跨界经营就是企业生态系统的用户范围经济、规模经济效应激发，进入了企业生态系统外部的产品服务市场，实现了原有组织扩展业务范围，进而实现企业的跨界经营和生态共享。

五、文章结合案例研究，提出了企业生态系统的组织机构发展方向

从案例研究可知，阿里巴巴集团组织结构变革起点是平台生态系统，海尔集团组织变革的起点是层级组织，它们都逐渐演变到扁平化的网络组织、平台组织，并向完善的企业生态系统发展，实现了企业组织与外部环境动态匹配。由企业生态系统的理论和案例研究可知，企业生态系统继续朝着扁平化、柔性化、自治化、智慧型的组织特征发展，以适应易变、不确定性、复杂和模糊不清的组织外部环境，实现组织"天长地久"的生存目标、"不知有之"的管理目标，进而驱动组织资源和组织能力共享，实现企业跨界经营。

第二节　相关政策建议

根据本研究的内容，从产业发展政策和公司战略层面两个方面提出政策建议。针对国家对创新创业和新兴产业的发展提出如下政策发展建议：

一是创新创业扶持政策。为了鼓励"大众创新、万众创业"，国务院在 2015 年印发《关于大力推进大众创业万众创新若干政策措施的意见》，各级地方政府也出台了针对创业者、创业孵化机构和创业投资基金的补助措施。从本研究来看，国家政策扶持首先是符合国家产业发展政策的行业，比如《中国制造 2025》提出的十大行业；其次同一扶持行业中，国家应该优先扶持企业孵化平台和基础共享平台，而不是扶持产品创造平台、创业者或者创业团队，因为创业团队本身成败依靠市场检验，属于正常的经济现象。而扶持创业孵化平台和共享平台是企业生态系统的重要驱动力量，能够促进更多创业项目的成功，当然也包括风险投资方的补贴和扶持。

二是新兴产业发展政策。企业生态系统的组织共享特征，使得企业生态系统通过跨界经营实现业务多元化、物种丰富化，能进一步推动企业生态系统的正向循环研究。跨界经营将颠覆原有的产业结构，甚至现有企业的淘汰。在阿里巴巴的余额宝理财在银行业跨界经营的情况开始后，国家银行业主管部门出台相关措施，实质上是对余额宝跨界经营的限制，对现有银行业的保护，此后，不少商业银行先后出台了限制余额宝每天的转账金额和转账次数。然而国家需要对新型企业组织和业务模式给予一定的宽容度，甚至持中立态度，更需要鼓励企业的管理创新与跨界经营，以提升现有产业的整体竞争力。

针对公司战略研究而言，本研究认为需要重新定位战略与组织之间的关系，定位自主经营团队在企业中作用，实现企业自组织管理。

一是企业生态系统中的生态团队战略定位探讨。在企业生态系统中，网络组织为用户创造价值或提供服务。通常情况下，网络组织成员的战略都是蓝海战略、速度战略和长尾战略，而在自身的领域存在"赢者通吃"式的市场垄断，同一个价值网络组织中不存在替补队员。因此每一团队组织要么融入价值网络，要么被淘汰。因此网络组织成员具有核心能力，但是他们在生态系统中面临的境况就是：要么生存，要么退出。所以生存战略是市场实体的最高指针。同理，平台生态系统如果激发同边网络效应和跨边网络效应，那么也存在被企业生态系统外的其他平台包络风险，因此平台组织采取速度战略。当前对企业生态系统来讲，如果不对内部成长速度较慢的平台进行保护，将会出现一连串的经营风险。比如，阿里巴巴不允许百度搜索该公司电商平台的信息，才保护的自身搜索引擎的壮大，进而避免整个阿里巴巴电商生态系统毁灭的风险。

二是企业组织与企业战略关系的探讨。钱德勒提出"组织追随战略"，然而在案例研究中，出现了组织变革在先、企业战略调整在后的情况。比如海尔集团的品牌国际化战略阶段，把一体化拆分为倒三角组织（实质上横向组织和网络组织的结合），随后提出了网络化战略。企业组织结构演变成网络化（实质上是生态系统组织结构的初级阶段），提出了企业平台战略。按照这个逻辑，海尔集团新战略理念中可能会提出生态化战略。在生态化战略阶段，海尔企业生态系统将进一步引入外部资源，实现海量生态团队（创业小微、转型小微和生态小微）的真正市场化经营。同样地，阿里巴巴集团先建立多平台型组织，然后提出平台化战略，平台生态系统中出现了物种多样化情况，提出网络组织结构。因此在当前企业变革中，通过组织变革来引导战略变革，使得企业组织更好适应动态复杂的外部环境，也是理论和实践研究的方向。

第三节　研究不足及方向

尽管本研究通过文献综述、理论构建、案例研究对企业生态系统进行了分析，但是在论文研究中，仍存在自身局限性与不足。一是研究内容的局限性与不足。论文对企业生态系统所在行业背景仅仅是竞争性行业，比如家电行业和商务服务业，对于材料、化工等基础行业，以及垄断行业的研究尚未涉及，导致本文研究结果在其他行业的应用前景不明确。二是研究方法的局限性与不足。本文作为理论研究，尽管通过案例研究进行了分析和证实，现有定性研究和逻辑推理，缺乏定量分析作证。尽管采用了跨案例研究，但是样本数量仍显不足，仍需要增加新的案例来佐证本文结论，以增强研究结果的效度和完善理论构建。

针对研究的不足，明确下一步的研究方向：一是针对组织理论在不同行业企业的普适性问题，需要针对具有市场垄断特征行业，对动态复杂环境条件下的组织结构开展研究，完善了组织结构理论，并具有较强的普适性；二是针对生态系统组织结构适应环境情况进行定量研究，从定量分析中发现组织演变新的方向和新的特征，来更新和丰富组织结构理论内容。

参考文献

［1］蔡宁，王节祥，杨大鹏．产业融合背景下平台包络战略选择与竞争优势构建——基于浙报传媒的案例分析〔J〕．中国工业经济，2015（5）：96-109.

［2］蔡余杰，黄禄金．共享经济〔M〕．北京：企业管理出版社，2015.

［3］曹洪，刘小梅．平台产业研究现状及其展望〔J〕．经济学动态：2008（12）：73-75.

［4］曹亮，汪海粟，陈硕颖．论模块化生产网络的二重性——兼论其对中国企业的影响〔J〕．中国工业经济，2008（10）：33-42.

［5］陈鼓应．老子今注今译〔M〕．北京：商务印书馆，2003.

［6］程立茹．互联网经济下企业价值网络创新研究〔J〕．中国工业经济，2013（9）：82-94.

［7］［德］马克斯·韦伯．社会科学的方法论〔M〕．杨富斌，译．华夏出版社，1999.

［8］丁纯，李君扬．德国"工业4.0"．内容、动因与前景及其启示〔J〕．德国研究，2014（4）：49-66.

［9］冯国经，冯国伦，耶尔曼，杰瑞·温德．在平的世界中竞争〔M〕．中国人民大学出版社，2009。

［10］冯华，陈亚琦．平台商业模式创新研究〔J〕．中国工业经济，

2016（3）：99-113.

[11] 淦未宇，徐细雄.基于网络粘黏的竞争力扩散效应〔J〕.工业工程，2010（2）：10-14.

[12] 苟昂.基于组织模块化的价值网研究〔J〕.中国工业经济，2005（2）：66-72.

[13] 胡泳，郝亚洲.张瑞敏思考实录〔M〕.北京：机械工业出版社，2014.

[14] 胡泳，郝亚洲.海尔创新史话〔M〕.北京：机械工业出版社，2015.

[15] 华中生.网络环境下的平台服务及其管理问题〔J〕.管理科学学报，2013，16（12）：1-12.

[16] 黄速建，王欣，叶树光，傅咏梅.开放式系统创新模式研究——以天士力集团为例〔J〕.中国工业经济，2010（2）：130-139.

[17] 黄阳华.德国"工业4.0"计划及其对我国产业创新的启示〔J〕.经济社会体制比较，2015（3）：1-9.

[18] 胡岚岚.平台型电子商务生态系统及其自组织机理研究〔D〕.上海交通大学博士论文，2010年.

[19] 巨良荣.竞争合作范式与网络化企业组织研究〔M〕.北京：中国社会科学出版社2009.

[20] 李东.面向进化特征的商业生态系统分类研究——对33个典型核心企业商业生态实践的聚类分析〔J〕.中国工业经济，2008（11）：119-129.

[21] 李嘉，张鹏柱，刘景方等.在线群体研讨的信息组织结构研究〔J〕.管理科学学报，2014，17（9）：1-16.

[22] 李零.人往低处走——老子天下第一〔M〕.上海：生活·读书·新知三联书店，2008.

[23] 李强，揭筱纹.基于商业生态系统的企业战略新模型研究〔J〕.

管理学报，2012，09（2）：233-237.

[24] 李鹏. 道德经中的自组织思想〔J〕. 企业改革与管理，2011（2）：28-29.

[25] 李金华. 德国"工业 4.0"和"中国制造 2025"的比较及启示〔J〕. 中国地质大学学报：社会科学版，2015，15（5）：71-79.

[26] 李海舰，聂辉华. 论企业与市场的相互融合〔J〕. 中国工业经济，2004（8）：26-35.

[27] 李海舰，魏恒. 新型产业组织分析范式构建研究——从 SCP 到 DIM〔J〕. 中国工业经济，2007（7）：29-39.

[28] 李海舰，郭树民. 从经营企业到经营社会——从经营社会的视角经营企业〔J〕. 中国工业经济，2008（5）：87-98.

[29] 李海舰，郭树民. 企业市场化研究——基于案例的视角〔J〕. 中国工业经济，2008（8）：20-131.

[30] 李海舰，王松. 客户内部化研究——基于案例的视角〔J〕. 中国工业经济，2009（10）：127-137.

[31] 李海舰，陈小勇. 企业无边界发展研究——基于案例的视角〔J〕. 中国工业经济，2011（6）：89-98.

[32] 李海舰，田跃新，李文杰. 互联网思维与传统企业再造〔J〕. 中国工业经济，2014（10）：135-146.

[33] 李海舰，田跃新，李文杰. 中国企业管理创新研究——"十二五"回顾与"十三五"展望〔J〕. 经济与管理，2015，29（6）：67-72.

[34] 李海舰，孙凤娥，田跃新，李文杰. 企业 4.0 研究—— 基于组织形态视角〔J〕. 中国社会科学院工业经济研究所论文，2015 年 8 月.

[35] 李维安. 网络组织. 组织发展新趋势〔M〕. 经济科学出版社，2003.

[36] 李晓华，刘峰. 产业生态系统与战略性新兴产业发展〔J〕. 中国工业经济 2013，（3）：20-32.

〔37〕李雪静.双边市场的平台竞争问题研究〔M〕.上海：上海大学出版社，2014.

〔38〕李允尧，刘海运，黄少坚.平台经济理论研究动态〔J〕.经济学动态，2013（7）：123-129.

〔39〕李玉琼，邹树梁.企业生态系统不同组织结构的适应性比较〔J〕.南华大学学报，2006，7（6）：29-33.

〔40〕林金忠.企业组织的经济学分析〔M〕.北京：商务印书馆，2006.

〔41〕林润辉，李维安.网络组织——更具环境适应能力的新型组织模式〔J〕.南开管理评论，2000，3（3）：4-7.

〔42〕刘江鹏.企业成长的双元模型.平台增长及其内在机理〔J〕.中国工业经济2015（6）：148-160.

〔43〕刘戒骄.生产分割与制造业国际分工——以苹果、波音和英特尔为案例的分析〔J〕.中国工业经济，2011（4）：148-157.

〔44〕刘延平.多维审视下的组织理论〔M〕.北京：清华大学出版社，2007.

〔45〕刘明宇，芮明杰.价值网络重构.分工演进与产业结构优化〔J〕.中国工业经济，2012（5）：148-160.

〔46〕刘子龙.C2C电子商务交易平台用户黏度影响因素研究〔J〕.电子商务，2008（11）：54-57.

〔47〕柳振群.老子管理思想研究〔M〕.天津：天津古籍出版，社2008.

〔48〕陆玲.略论企业生态学原理〔J〕.世界科学，1996（3）：44-46.

〔49〕罗家德.自组织—市场与层级之外的第三种治理模式〔J〕.比较管理，2010（4）：1-11.

〔50〕罗珉.大型企业的模块化：内容、意义与方法〔J〕.中国工业

经济，2005（3）：68-75.

　　〔51〕罗珉，赵亚蕊.组织间关系形成的内在动因：基于帕累托改进的视角〔J〕.中国工业经济，2012（4）：76-88.

　　〔52〕罗仲伟.网络组织的特性及其经济学分析（上）〔J〕.外国经济与管理，2000（6）：25-28.

　　〔53〕罗仲伟.网络组织的特性及其经济学分析（下）〔J〕.外国经济与管理，2000（7）：13-18.

　　〔54〕罗仲伟，罗美娟.网络组织对层级组织的替代〔J〕.中国工业经济，2001（6）：23-30.

　　〔55〕〔美〕比尔·菲舍尔，翁贝托·拉戈，刘方.海尔再造——互联网时代的自我颠覆〔M〕.北京：中信出版社，2015.

　　〔56〕〔美〕彼得·圣吉.第五项修炼〔M〕.北京：中信出版社出版，2009.

　　〔57〕〔美〕赫伯特·H.西蒙.管理行为.詹正茂，译.北京：机械工业出版社，2013.

　　〔58〕〔美〕杰里米·里夫金.零边际成本社会〔M〕.赛迪研究院专家组，译.北京：中信出版社，2014.

　　〔59〕〔美〕凯文·凯利.失控〔M〕.陈新武等，译.北京：中信出版社，2010.

　　〔60〕〔美〕理查德·H.霍尔.组织、结构、过程及结果〔M〕.张友星，刘五一，沈勇，译.上海：上海财经大学出版社，2003.

　　〔61〕〔美〕理查德·L·达夫特.组织理论与设计〔M〕.王凤彬等，译.北京：清华大学出版社，2014.

　　〔62〕〔美〕罗伯特·K.殷.案例研究.设计与方法〔M〕.周海涛，李永贤，李虔，译.重庆：重庆大学出版社，2010.

　　〔63〕〔美〕罗伯特·K.殷.案例研究方法的应用〔M〕.周海涛，夏欢欢，译.重庆：重庆大学出版社，2014.

　　〔64〕〔美〕切斯特·巴纳德.经理人员的职能〔M〕.北京：中国社会科学出版社，1997.

　　〔65〕〔美〕詹姆斯·弗·摩尔.竞争的衰亡.商业生态系统时代的领导与战略〔M〕.梁骏，李飞雪，李丽娜，译.北京：北京出版社，1999.

　　〔66〕彭本红，石岩.模块化生产网络节点的利益分配博弈研究〔J〕.软科学，2011，25（5）：37-40.

　　〔67〕彭家钧.基于网络组织的新型管理控制系统研究〔D〕.中国海洋大学博士论文，2014年.

　　〔68〕齐善鸿，曹振杰.道本管理论：中西方管理哲学融和的视角〔J〕.管理学报，2009，6（10）：1279-1284.

　　〔69〕曲创，杨超，臧旭恒.双边市场下大型零售商的竞争策略研究〔J〕.中国工业经济，2009（7）：67-75.

　　〔70〕曲振涛，周正，周方召.网络外部性下的电子商务平台竞争与规制——基于双边市场理论的研究〔J〕.中国工业经济，2010（4）：120-129.

　　〔71〕屈丽丽.从制造产品到制造创客——专访海尔集团董事局主席、首席执行官张瑞敏〔J〕.商学院，2015（Z1）：63-63.

　　〔72〕〔日〕青木昌彦，安藤晴彦.模块时代——新产业结构的本质〔M〕.周国荣，译.上海：上海远东出版社，2003.

　　〔73〕芮明杰，李想.网络状产业链的构造与运行〔M〕.上海：上海人民出版社，2009.

　　〔74〕孙耀君编.西方管理学名著提要〔M〕.南昌：江西人民出版社，1992.

　　〔75〕孙耀吾，翟翌，顾荃.服务主导逻辑下移动互联网创新网络主体耦合共轭与价值创造研究〔J〕.中国工业经济，2013（10）：147-159.

　　〔76〕王钦.海尔新模式——互联网转型的行动路线图〔M〕.北京：中信出版社，2015.

[77] 王举颖，赵全超．大数据环境下商业生态系统协同演化研究〔J〕．山东大学学报：哲学社会科学版，2015（5）：132-138.

[78] 王希坤．老子"无为而治"管理模式的自组织原理分析〔J〕．菏泽学院学报，2011，33（3）：1-4.

[79] 汪旭晖，张其林．平台型网络市场"平台—政府"双元管理范式研究——基于阿里巴巴集团的案例分析〔J〕．中国工业经济，2015（3）：135-147.

[80] 吴剑峰，吕振艳．资源依赖、网络中心度与多方联盟构建——基于产业电子商务平台的实证研究〔J〕．管理学报，2007，4（4）：509-513.

[81] 吴义爽，徐梦周．制造企业服务平台战略跨层面协同与产业间互动发展〔J〕．中国工业经济，2011（11）：48-58.

[82] 吴志军，赵雪．移动应用平台定价机制研究——基于双边市场理论〔J〕．经济管理，2013（11）：161-169.

[83] 邢文祥．老子管理哲学思想研究〔D〕．河北大学博士论文，2010年．

[84] 徐晋，张祥建．平台经济学初探〔J〕．中国工业经济，2006（5）：40-47.

[85] 徐晋．平台经济学〔M〕．上海：上海交通大学出版社，2013.

[86] 徐宏玲等．模块化组织与大型企业基因重组〔J〕．中国工业经济，2005（6）：52-59.

[87] 徐全军．企业理论新探：企业自组织理论〔J〕．南开管理评论，2003，6（3）：37-42.

[88] 徐艳梅，黎阳，司高飞．生态变迁视角下的三层次组织演进分析〔J〕．中国管理科学2005（10）：138-142.

[89] 杨云松，朱岩，张毅．基于双边市场的Web2.0平台厂商盈利模式研究〔J〕．中国软科学增刊（上），2009（s1）：258-263.

［90］杨忠直．企业生态学引论〔M〕．北京：北京科学出版社，2003．

［91］姚凯，刘明宇，芮明杰．网络状产业链的价值创新协同与平台领导〔J〕．中国工业经济，2009（12）：86–95．

［92］叶秀敏．基于"工业4.0"的智慧企业特征分析〔J〕．北京工业大学学报，2015（2）：15–20．

［93］袁纯清．共生理论——兼论小型经济〔M〕．北京：经济科学出版社，1998．

［94］张强．论系统演化的共生性〔J〕．系统辨证学学报，2005，13（3）：22–26．

［95］张丹宁，唐晓华．产业网络组织及其分类研究〔J〕．中国工业经济，2008（2）：57–65．

［96］张小宁，赵剑波．新工业革命背景下的平台战略与创新——海尔平台战略案例研究〔J〕．科学学与科学技术管理，2015（3）：77–86．

［97］张晓明，夏大慰．开放平台与所有权平台的竞争：网络效应与策略选择〔J〕．中国工业经济，2006（12）：74–80．

［98］赵玲．自然观的现代形态——自组织生态自然观〔J〕．吉林大学社会科学学报，2005（6）：13–18．

［99］赵保佑，高秀昌．老子思想与现代管理〔M〕．北京：社会科学文献出版社，2013．

［100］赵道致，李广．网络组织向商业生态系统的进化〔J〕．工业工程，2005，8（1）：24–28．

［101］赵夫增，丁雪伟．基于互联网平台的大众协作创新研究〔J〕．中国软科学，2009（5）：63–72．

［102］赵湘莲，陈桂英．未来新的商业模式——商业生态系统〔J〕．经济纵横，2007（4）：79–81．

［103］赵振．"互联网＋"跨界经营．创造性破坏视角〔J〕．中国工

业经济，2015（10）：146–160.

［104］周跃进等. 自组织团队特征分析〔J〕.管理学报，2010，07（8）：1159–1164.

［105］朱国云. 组织理论：历史与流派〔M〕.南京：南京大学出版社，2014.

［106］Andrei Hagie. Merchant or Two–sided Platforms［J］. Review of Network Economics，2007，（6）：115–133.

［107］Andrei Hagiu. Two–sided Platform：Product Variety and Pricing Structure［J］. Journal of Economics&Management Strategy，2009（18）：131–152.

［108］Andrei Hagiu，Daniel Spulber.First–party Content，Commitment and Coordination in Two–sidedMarkets［A］.Working Paper.Harvard University，2011.

［109］Andrei Hugiu.Strategic Decisions for Multi–sided Platforms［J］. Sloan Mangement Review，2014，55（2）：71–80.

［110］Annabelle Gawer，Mark A.Cusumano. How Companies Become Platform Leaders［J］. Sloan Management Review，2008，（2）：28–35.

［111］Annabelle Gawer，Michael A. Cusumano.Industry Platforms and Ecosystem Innovation［J］. Journal of Production Innovation Management，2014，31（3）：417–433.

［112］Ari Van Assche. A Theory of Modular ProductionNetworks［D］. University of California，Davis，2004.

［113］Arnold Picot，Ralf Reichwald，RolfWigand.The Dissolving of Hierarchies–Modularizing the Enterprise［A］. Information，Organization and Management［C］.Heidelberg：Springer Berlin Heidelberg，2008：183–231.

［114］Arvind Malhotra，Marshall Van Alstyne .The Dark Side of the Sharing Economy …and How to Lighten It［J］. Communications of the ACM，

2014, （11）: 24-27.

[115] Baldwin C.Y. Managing in an Age of Modularity [J]. Harvard Business Review, 1997, （5）: 84-93.

[116] Baldwin C.Y., Clark K.B. Design Rules: The Power of Modularity [M], the MIT Press, 2000.

[117] Barney Tan, et al.The Role of is Capabilities in the Development of Multi-Sided Platforms: The Digital Ecosystem Strategy of Alibaba.com[J]. Journal of the Association for Information Systems, 2015, （16）: 248-280.

[118] Bell, G. Clusters G.Networks and Firm Innovativeness[J]. Strategic Management Journal, 2010, （3）: 45-51.

[119] Brusoni S, Prencipe A. Patterns of Modularization: The Dynamics of Product Architecture in Complex Systems[J]. European Management Review. 2011, （2）: 67-80.

[120] Carliss Y.Baldwin, C.Jason Woodard.The Architecture of Platforms: A Unified View[A].Working Paper. Harvard University, 2008.

[121] Carmelo Cennamo , Juan Santalo. Platform Competition: Strategic Trade-offs in Platform Markets[J]. Strategic ManagementJournal, 2013, （34）: 1331-1350.

[122] Christine Oliver. Determinants of Interorganizational Relationships: Inergration and Future Directions[J]. Academy of Management, 1990, （15）: 241-265.

[123] Cinzia Battistella, etal.Methodology of business ecosystems network analysis: A case study in Telecom Italia Future Centre[J]. Technological Forecasting & Social Change. 2013, （6）: 1194-1210.

[124] Davey T, Meerman A, Allinson R, Muros VG, Baake T, Baaken TEU. University Business-Collaboration[R].Country Report UK, 2013a.

［125］David J.Tucker，Jitendra V. Singh，Agnes G. Meinhard. Organizational Form，Population Dynamics，and Institutional Change: The Founding Patterns of Voluntary Organizations［J］.Academy Management Journal，1990，（33）：151-178.

［126］Drucker，P. F. The Emerging Theory of Manufacturing［J］. Harvard Business Review，1990（5）： 94-102.

［127］Elisa Anggraeni，Erik den Hartigh，Marc Zegvel. Business Ecosystem as a Perspective for Studying the Relations Between Firms and Their Business Networks［J］ ECCON 2007 Annual meeting，［EB/OL］. http：//www. chaosforum.com/docs/nieuws/bes.pdf?origin=publication_detail.

［128］Elizabeth Garnsey，Yuen Yoong Leong. Combining Resource-based and EvolutionaryTheory to Explain the Genesis of Bio-networks［J］. Working Paper，University of Cambridge，2007.

［129］Erik den Hartigh，Michiel Tol ，Wouter Visscher.The health Measurement of a Business Ecosystem［R］. Paper atECCON 2006 Annual meeting，2006.

［130］Evans D.Empirical Aspects of Multi-sided Platform Industries［J］. Review of Network Economics，2003，（2）：191-209.

［131］Evans D，Schmalensee R，Noel M D，et al. Platform Economics: Essays on Multi-sided Business ［J］. Comperirion Policy International，2011.

［132］Fakse Scholten Simone，Scholten Ulrich. Platform-based Innovation Management： Directing External Innovational Efforts in Platform Ecosystems［J］. Journal of the KnowledgeEconomy，2012，（6）：164-184.

［133］Fremont E. Kast，James E.Rosenzweig.Organization and Management: A System and Contigency Approach（3rd edition）［M］. Mcgraw-Hill Book Company，1979：40-62.

［134］Fretwell S D.Food Chain Dynamics： the Central Theory of Ecology

[J].Oikos, 1987, (50): 291-301.

[135] Georgios Zervas, Davide Proserpio, John W. Byers.The Rise of the Sharing Economy: Estimating the Impact of Airbnb on the Hotel Industry[R] working paper, Boston University, 2016.

[136] Gregory G.Dess, Donald W.Beard.Dimensions of Organizational Task Environments[J]. Administrative Science Quarterly, 1984, (19): 52-73.

[137] Gregory G. Dess et al.The New Corporate Architecture[J]. The Academy of Management Executive, 1995, (8): 7-20.

[138] G.E.Nyman.EcosystemsofTriple Collaboration[J]. Helice, The Triple Helix Association Newsletter, 2013 (2): 20-22.

[139] Hans B. Thorelli.Networks: Between Markets and Hierarchies[J]. Strategic Management Journal. 1986, (7): 37-51.

[140] Harrigan, Kathryn R. Managing for Joint Venture Success[M]. Lexington, MA: Lexington Books, 1986.

[141] Hart S L. A Natural-Resource-Based View of the Firm[J]. The Academy of Management Review. 1995, (20): 986-1014.

[142] Hertogh SD, Viaene S, DedeneG. GroundingPrinciples to Get the Most outofEnterprise 2.0investments: Governing Web 2.0[J].Communications of the ACM 2011, (3): 124-130.

[143] Hoogeweegen M R, Teunissen W J M, Vervest P H M, et al. Modular Network Design Using Information and Communication Technology to Allocate Production Tasks in a Virtual Organization[J]. Decision Sciences. 1999, (4): 1073-1103.

[144] Hooley G, Broderick A, Möller K. Competitive Positioning and the Resource-Based View of the Firm[J]. Journal of Strategic Marketing. 1998, (2): 97-116.

［145］ Huabai BU.New Created Enterprise Value Network Embeddedness, Strategic Positioning and Enterprise Growth Performance［J］. International Journal of Academic Research in Business and Social Science, 2013（7）: 264-278.

［146］ James F.Moore.Predators and Prey: A New Ecology of Competition ［J］. Havard Business Review, May-June, 1993: 75-86.

［147］ James F. Moore. The Rise of a New Corporate Form［J］.The Washington Quarterly, 1998（21）: 167-181.

［148］ JamesF.Moore.BusinessEcosystemsandtheViewfromtheFirm［J］. The Antitrust Bulletin, 2006（51）: 31-75.

［149］ Jarillo, J. C. On Strategic Networks［J］. Strategic Management Journal, 1988（9）: 34-41.

［150］ Katharina Hoelck, Pieter Ballon. Competitive Dynamicsin the ICT Sector: Strategic Decisions in Platform Ecosystems［J］.Digiworld Economic Journal, 2015（3）: 51-70.

［151］ Kenny David, F. John Marshall.Contextual Marketing: The Real Business of The Internet ［J］. Havard Business Review, 2000, 78（11-12）: 119-125.

［152］ Langlois R.N. Modularity in Technology and Organization ［J］, Journal of Economic Behavior & Organization, 2002（49）: 19-37.

［153］ Locketta A, Thompsonb S. The Resource-Based View and Economics［J］. Journal of Management. 2001（6）: 723-754.

［154］ Marco Iansiti, Roy Levien.Strategy as Ecology［J］.Harvard Business Review, 2004a（3）: 68-78.

［155］ Marco Iansiti, Roy Levien.The Keystone Advantage: What the New Dynamics of Business Ecosystems Mean for Strategy, Innovation, and Sustainability［M］.Boston: Havard Business School Press, 2004b.

［156］ Mark Amstrong. Competition in Two-sidedMarket ［J］. The RAND Journal ofEconomics, 2006, （35）: 325-346.

［157］ Mark Amstrong, Wright J. Two-sidedMarket, Competitive Bottlenecks and Exclusive Contracts. Mimeo, London: Univer. College, 2005, 1-30.

［158］ Mark A. Cusumano, Annabelle Gawer.The Elements of Platform Leadership［J］. MIT Sloan Management Review, 2002 （4）: 77-85.

［159］ Mark A.Cusumano. The Evolution of Platform Thinking［J］. Communications of the ACM 53, 2010 （1）: 33-35.

［160］ Mark A.Cusumano. The Platform Leader's Dilemma［J］. Communicationsof the ACM54, 2011 （10）: 21-24.

［161］ Max Weber.The Theory of Social and Economic Organization［M］. New York: The Free Press, 1947.

［162］ Marshall Van Alstyne. The State of Network Organization: A Survey in Three Frameworks［J］.Journal of Organizational Computing & Electronic Commerce. 1997 （7）: 83-97.

［163］ Mirva Peltoniemi.Cluster, Value Network and Business Ecosystem: Knowledge and Innovation Approach［R］.presented at the Conference "Organizations, Innovation and Complexity: New Perspectives on the Knowledge Economy", 2004.

［164］ Mirva Peltoniemi.Preliminary Theoretical Framework For the Studyof Business Ecosystems［J］. Emergence: Complexity & Organization, 2006, 8 （1）: 10-18.

［165］ Mirva Peltoniemi, Elisa Vuori, Harri Laihonen.Business Ecosystem As a Tool For the Conceptualisation of the External Diversity of an Organisation［R］.Paper at Proceedings ofthe Complexity, Science and SocietyConference, 2005: 11-14.

［166］Michael A. Cusumano.How Traditional Firms Must Compete in the Sharing Economy［J］.Communications of the ACM，2015，（1）：32-34.

［167］Michael H. Morris，Donald F. Kuratko，J .Covin.Corporate Entrepreneurship and Innovation（3rd Ed.）［M］.Mason，OH：Cengage/ South Western，2011.

［168］Michael T .Hannan，J.Freeman.The Population Ecology of Organizations［J］.Journal of Sociology，1977，（82）：929-964.

［169］Miles，R.Snow，C. Organizations：New Concepts for New Forms ［J］.California Management Review，1986，（2）：68-73.

［170］N. Patel，H. Jasani.Social Media Security Policies：Guidelines for Organizations［J］.Issues Information System，2010，（1）：628-634.

［171］N.Sultan.Knowledge Management In The Age of Cloud Computing and Web 2.0：Experiencing The Power Of Disruptive Innovations［J］. International Journal of Management Reviews，2013（33）：160-165.

［172］Norgaard R. Coevolutionary agricultural development ［J］. Economic Development and Cultural Change，1984（3）：3525-547.

［173］Odum E P.Biever L J.Resource Quality，Mutualism，and Energy Partitioning in Food Chains［J］.Nature，1984（124）：360-376.

［174］Oksanen L.Ecosystem Organization：Mutualism and Cybernetics or Plain Darwinian Struggle for Existence?［J］.Nature，1988（131）：424-444.

［175］Pagan M. Digital Business Strategy and Value Creation：Framing the Dynamic Cycle of Control Points［J］.Mis Quarterly，2013，37（2）：617-632.

［176］Phanish Puranam，Oliver Alexy，Markus Reitzig.What's "New" About New Forms of Orginzing?［J］.Academy of Management Review，2014 （39）：162-180.

［177］ Ravi S. Achrol, GregoryT. Gundlach. Network Organization and Systems Competition: A Marketing Analysis[J]. The Antitrust Bulletin. 2014, (4): 743-768.

［178］ RaviS. Achrol, Philip Kotler.Marketing in the Network Economy[J]. Journal of Marketing, 1999 (63): 146-163.

［179］ Raymond E.Miles, Chales C.Snow.Causes for Failure in Network Organizations[J]. Califounia Management Review, 1992 (1): 53-57.

［180］ Rita Gunther McGrath. The End of Competitive Advantage: How to Keep Your Strategy Moving As Fast As Your Business[J]. Research Technology Management, 2013, 56 (5): 64-65.

［181］ Rochet J.C, J.Tirole.Cooperation amongcompetitors: Some economics of payment card associations [J]. Journal of European Economic Association, 2002 (4): 549-570.

［182］ Rochet J.C, J.Tirole. Two-sided Markets: A Progress Report [J]. The RAND Journal ofEconomics, 2006 (37): 645-667.

［183］ RonAshkenas. Creating the Boundaryless Organization[J]. Business Horizons.1999 (5): 5-11.

［184］ RonAdner.Match Your Innovation Strategy to Your Innovation Ecosystem [J]. Havard Business Review, 2006 (4): 98-107.

［185］ Roson R. Two-sided Markets: A Tentative Survey[J]. Review of Network Economics, 2005 (4): 142-160.

［186］ S.Cantrell, J.M .Benton Harnessing the Power of An Engaged Workforce[J]. Outlook, 2005 (2): 55-65.

［187］ S.Wattal, P. Racherla, M.Mandviwalla.NetworkExternalitiesand Technology Use: A Quantitative Analysis of Intra-organizational Blogs[J]. Journal of Management Information System, 2010 (1): 145-173.

［188］ Salas-FumásVicente, Sanchez-Asin, J. Javier. Informationand

Trust in Hierarchies[J]. Decision Support Systems，2013（4）：988-999.

[189] Schilling M A，Steensma H K. The Use of Modular Organizational Forms：An Industry-Level Analysis[J]. The Academy of Management Journal. 2001（6）：1149-1168

[190] Seamans，Robert，Feng Zhu. Responses to Entry in Multi-Sided Markets：The Impact ofCraigslist on Local Newspapers[J]. ManagementScience，2013（2）：476-493.

[191] Shane，S. A. Hybrid Organizational Arrangements and Their Implications for Firm Growth and Survival：A Study Of New Franchisors[J]. Academy of Management，1996（1）：216-234.

[192] ShakerA.Zahra，SatishNambisan.Entrepreneurshipandstrategicthinkinginbusinessecosystems[J]. Business Horizons，2012（55）：219-229.

[193] SilvanaTrimi，HoltaGalanxhi.The Impact of Enterprise 2.0 in Organizations[J]. ServiceBusiness，2014（8）：405-42.

[194] Simpson，T. W.，Maier，J. R. A.，& Mistree，F. Product platform design：Method and Application[J].Research in Engineering Design，2001（1）：59-74.

[195] The Economist.The rise of the sharing economy［EB/OL].http：// econ.st/1rwIfEx（Mar.9，2013）.

[196] Thierry Isckia，Denis Lescop.Strategizing in Platform-based ecosystems：Leveraging Core Processes for Continuous Innovation[J]. Digiworld Economic Journal，2015（3）：91-111.

[197] Tian C. H. et al.BEAM：A framework for business ecosystem analysis and modeling[J]. IBMSystems Journal，2008（1）.

[198] Thomas Eisenmann，Geoffery Parker，Marshall Van Alstyne. PlatformEnvelopment[J]. Strategic ManagementJournal，2011（32）：1270-1285.

[199] ThomasR..Eisenmann. Managing proprietary andshared platform[J] s. California Management Review，2008（4）：31-53.

[200] Thomas Eisenmann，Parker，G.，& van Alstyne，M. W. Strategies for Two-sided Markets[J]. Harvard Business Review，2006（10）：92-101.

[201] Tiwana Amrit，Konsynski Benn，Bush Ashkey A. Platform Evolution： Coevolution of Platform Architecture，Governance and Environmental Dynamics[J]. Information System Research，2010（1）：675-687.

[202] Tom Burns ，G.M.Staler. TheManagementofInnovation[M]. London：Tavistock，1961，P：22-40.